Torten-zauber

einfach köstlich

Torten-
zauber

einfach köstlich

Autorin: Monika Köhler
Rezeptfotos: Michael Brauner

Inhalt

Sahne-stückchen

Traum in Weiß

Luftig aufgeschlagene Sahne auf feinem Biskuit
oder knusprigem Mürbeteig ist für Groß und Klein
unwiderstehlich. Raffiniert verfeinert mit Früchten,
Nüssen oder Schokolade sind sahnige Kreationen
für Tortenfans der Gipfel des Genusses.
Cremig weiße Verlockungen wie die raffinierte
1-2-3-Überraschungs-Torte, die traditionelle Zuger
Kirschtorte oder die süße Mohn-Torte machen
Appetit auf weitere Highlights.

Knusperböden

Für 1 Springform von 26 cm Ø (12 Stück)
Variante 1 (dünner Boden):
100 g Löffelbiskuits
75 g Butter
Variante 2 (dicker Boden):
200 g Löffelbiskuits
150 g Butter
Variante 3 (dicker Boden):
100 g Löffelbiskuits
100 g Amarettini
150 g Butter

1. Die Löffelbiskuits bzw. Löffelbiskuits und Amarettini zerbröseln. Die Butter schmelzen lassen und gründlich mit den Keksbröseln verkneten.

2. Die Masse in die Form drücken und 30 Min. kalt stellen. Aus der Form lösen und auf eine Tortenplatte legen.

Tipp: Die Plätzchen sind austauschbar, dadurch kann man den Geschmack des Bodens beliebig variieren. Die Knusperböden sind eine tolle Basis für Quark-, Käse-, Joghurt- oder Sahnecreme-Torten.

🕐 Zubereitung: 10 Min.

Pro Stück (1): 80 kcal

🕐 Kühlzeit: 30 Min.

Pro Stück (2/3): 160 kcal

Kirsch-Vanille-Torte

Für 1 Springform von 26 cm Ø (12 Stück)
1 vorbereiteter dicker Knusperboden nach Wahl
Für die Füllung:
1 Glas Sauerkirschen (700 g Inhalt)
2 Päckchen roter Tortenguss
Für den Belag:
500 g Schmand
50 g Zucker
400 g Sahne
2 Päckchen Paradiescreme Vanille
4 EL Vanillelikör (ersatzweise Vanillesauce)

1. Die Kirschen in einem Sieb abtropfen lassen, den Saft auffangen. Den Tortenguss nach Packungsangaben mit Kirschsaft zubereiten. Die Kirschen unterrühren, abkühlen lassen.

2. Schmand und Zucker verrühren. Die Sahne mit der Paradiescreme steif schlagen. Den Schmand unterrühren.

3. Die Kirschmasse gleichmäßig auf dem Tortenboden verteilen. Die Vanillesahne darauf verstreichen. Mit einem Esslöffelrücken leichte Vertiefungen eindrücken und mit Vanillelikör füllen.

🕐 Zubereitung: 30 Min.

Pro Stück ca.: 435 kcal

Schoko-Knusper-böden

Für 1 Springform von 26 cm Ø (12 Stück)
Variante 1:
100 g Zartbitterschokolade
100 g Vollmilchschokolade
125 g Cornflakes
Variante 2:
200 g Schokolade nach Wahl
150 g Mandelsplitter oder -blättchen

1. Die Schokolade im Wasserbad schmelzen lassen. Mit den Cornflakes bzw. Mandelsplittern oder -blättchen verrühren.

2. Die Masse in die Form drücken und 45 Min. kalt stellen. Aus der Form lösen und auf eine Torten-platte legen.

Tipp: Schoko-Knusperböden sind für Quark-, Käse-, Joghurt- oder Sahnecreme-Torten geeignet. Als Zwi-schenboden in mehrstöckigen Torten sind sie eine knu-sprige Überraschung. Falls Sie Mandelblättchen für den Boden verwenden, formen Sie mit einem kleinen Löffel einen etwa 1cm hohen runden Rand, leicht andrücken.

🕐 Zubereitung: 10 Min. 🕐 Kühlzeit: 45 Min.

Pro Stück (1/2): 160 kcal

Schokobällchen-Sahnetorte

Für 1 Springform von 26 cm Ø (12 Stück)
1 vorbereiteter Schoko-Knusperboden nach Wahl
Für den Belag:
100 g Blockschokolade
400 g Sahne
2 Päckchen Sahnesteif
2 Päckchen Vanillezucker
2 Päckchen Schokokugeln
einige Blättchen Zitronenmelisse

1. Die Schokolade fein hacken. Die Sahne erhitzen und die Schokolade darin auflösen. Diese Schoko-sahne 12 Std. kühl stellen.

2. Die Schokosahne mit Sahnesteif und Vanillezucker steif schlagen. 10 Schokokugeln für die Dekoration zur Seite legen. Die restlichen Schokokugeln unter die Sahne mischen.

3. Den Knusperboden mit der Schokosahne bestrei-chen und die Schokokugeln dekorativ darauf ver-teilen. Mit den Melisseblättchen garnieren.

🕐 Zubereitung: 30 Min. 🕐 Kühlzeit: 12 Std.

Pro Stück ca.: 355 kcal

Für 1 Springform von 26 cm Ø
(12 Stück)
Für den Rührteig:
4 Eier
125 g weiche Butter
125 g Zucker
1 Päckchen Vanillezucker
150 g Mehl
2 TL Backpulver
3 EL Milch
Für das Baiser:
200 g Zucker
100 g gehobelte Mandeln
Für die Füllung:
1 EL Butter
100 g Zucker
3 geh. EL Speisestärke
Saft von 1 Zitrone
Saft von 1 Orange
200 g Sahne
Backpapier für die Form

Amerikatorte

1. Den Backofen vorheizen. Die Backform mit Backpapier belegen. Die Eier trennen, die Eiweiße kühl stellen. Butter, Zucker und Vanillezucker cremig rühren. Erst die Eigelbe, dann Mehl mit Backpulver sowie die Milch unterrühren. Die Hälfte des Teigs in die Form füllen und glatt streichen. Im Ofen bei 180° (Mitte, Umluft 160°) 15 Min. backen.

2. Inzwischen die Eiweiße steif schlagen, Zucker nach und nach einrieseln lassen. Die Form aus dem Ofen nehmen. Die Hälfte Eischnee auf dem Boden verteilen, mit der Hälfte der Mandeln bestreuen. In 15 Min. fertig backen. Den Boden noch warm in 12 Tortenstücke schneiden. Den zweiten Boden ebenso backen. Im Ganzen lassen. Böden auskühlen lassen.

3. Für die Füllung 125 ml Wasser mit Butter und Zucker zum Kochen bringen. Speisestärke mit Zitronen- und Orangensaft glatt rühren, in den Topf geben und kurz aufkochen. 1 Std. kalt stellen.

4. Die Sahne steif schlagen, unter die Orangencreme heben. Den Tortenboden mit der Creme bestreichen. Die einzelnen Tortenstücke leicht schräg auf der Creme platzieren.

🕐 Zubereitung: 40 Min. 　 🕐 Kühlzeit: 1 Std.
🕐 Backzeit: 1 Std. 　 Pro Stück ca.: 415 kcal

Für 1 Springform von 26 cm Ø
(12 Stück)
Für den Rührteig:
5 Eier
150 g weiche Butter
200 g Zucker
125 g Mehl
2 EL Kakao
1 Päckchen Backpulver
125 g gemahlene Mandeln
Für die Füllung:
1 Glas Sauerkirschen (700 g Inhalt)
30 g Speisestärke
400 g Sahne
1 Päckchen Vanillezucker
1 TL Kakaopulver
1/2 TL Zimt
Backpapier für die Form

Prinz-Eugen-Torte

1. Den Backofen vorheizen. Die Backform mit Backpapier belegen. Die Eier trennen, die Eiweiße steif schlagen. Butter und Zucker cremig rühren. Eigelbe unterrühren. Mehl, Kakao und Backpulver mischen und unterheben. Mandeln und Eischnee unterziehen. Den Teig in die Form füllen. Im Ofen bei 200° (Mitte, Umluft 180°) 40 Min. backen. Auf einem Kuchengitter auskühlen lassen.

2. 12 Kirschen für die Dekoration beiseite legen. Die Speisestärke mit etwas Kirschsaft glatt rühren. Mit dem restlichen Saft und den Kirschen verrühren und unter Rühren aufkochen. Etwas abkühlen lassen.

3. Den Kuchen in der Mitte aushöhlen, dabei einen 1 cm breiten Rand stehen lassen. Der ausgehöhlte Boden muss noch etwa daumendick sein. Den Boden mit der Kirschmasse füllen.

4. Die ausgehöhlten Kuchenteile zerbröseln. Zwei Drittel in einer Pfanne ohne Fett rösten. Mit den übrigen Bröseln mischen. Die Sahne mit Vanillezucker steif schlagen, die Kuchenbrösel unterheben. Gleichmäßig auf der Kirschmasse verstreichen, mit Kakao und Zimt bestreuen. Die restlichen Sauerkirschen in kleine Würfel schneiden und die Torte damit garnieren. 3 Std. kühl stellen.

🕐 Zubereitung: 1 Std. 　 🕐 Kühlzeit: 3 Std.
🕐 Backzeit: 40 Min. 　 Pro Stück ca.: 440 kcal

Für 1 Springform von 26 cm Ø
(12 Stück)
Für den Rührteig:
250 g weiche Butter
250 g Zucker
4 Eier
250 g Mehl
4 TL Backpulver
2 EL Milch
2 EL Kakao
Für die Füllung:
500 g Sahne
2 Päckchen Sahnesteif
2 Päckchen Vanillezucker
6 EL Zitronensaft
Für die Dekoration:
75 g Zartbitterschokolade
150 g Sahne
1 Päckchen Sahnesteif
3 EL Mandelblättchen
3 EL Borkenschokolade
Backpapier für die Form

1-2-3-Überraschungstorte

1. Den Backofen vorheizen. Die Backform mit Backpapier belegen. Butter und Zucker cremig rühren. Die Eier unterrühren. Mehl und Backpulver mischen, ebenfalls unterrühren. Den Teig in zwei Portionen teilen, eine Portion mit Milch und Kakao verrühren.

2. Den hellen und den dunklen Teig erneut in jeweils zwei Portionen teilen. Die Portionen nacheinander in die Springform füllen, glatt streichen und im Ofen bei 180° (Mitte, Umluft 160°) jeweils 20 Min. backen. Die Böden leicht abgekühlt aus der Form lösen, das Backpapier abziehen und die Böden auf einem Kuchengitter auskühlen lassen.

3. Für die Füllung die Sahne mit Sahnesteif und Zucker steif schlagen, anschließend den Zitronensaft unterrühren. Einen hellen Boden mit einem Viertel der Sahne bestreichen, dann im Wechsel dunkler, heller, dunkler Boden die weiteren Böden auflegen und je mit einem Viertel der Sahne bestreichen. Die obere Schicht Sahne glatt verstreichen und mit Frischhaltefolie bedecken. Die Torte rundum in Alufolie packen und 2 Tage im Kühlschrank ziehen lassen.

4. Am dritten Tag die Schokolade grob hacken. Die Sahne erhitzen und die Schokolade darin auflösen. Die Schokosahne 60 Min. im Kühlschrank kalt werden lassen, dann mit Sahnesteif steif schlagen. Die Torte rundum mit der Schokosahne bestreichen. Die Torte mit Mandelblättchen und Borkenschokolade garnieren.

Tipp

Ein ungewöhnliches Rezept, aber die Zubereitung lohnt sich unbedingt. Die Torte schmeckt dank der Ruhezeit besonders saftig.

Deko-Tipp

Zur »echten« Überraschungstorte gehört mehr als ein tolles Rezept: Die Dekoration macht's! Stecken Sie einige 20 cm lange, ganz dünne Torten- oder Wunderkerzen in die Torte – mittig oder kreisförmig am Kuchenrand – und zünden Sie diese vor dem Servieren an.

🕐 Zubereitung: 1 Std.
🕐 Backzeit: 1 Std. 20 Min.
🕐 Kühlzeit: 2 Tage.
Pro Stück ca.: 400 kcal

Für 1 Springform von 26 cm Ø
(12 Stück)
Für den Rührteig:
5 Eier
100 g weiche Butter
100 g Zucker
1 Päckchen Vanillezucker
125 g Mehl, 1/2 TL Backpulver
Für das Baiser:
200 g Zucker
100 g Mandelblättchen
Für die Füllung:
1 Dose Aprikosen (820 g Inhalt)
200 g Sahne
1 Päckchen Sahnesteif
1 Päckchen Vanillezucker
1 TL Schokostreusel
Backpapier für die Form

Sahniger Fruchtberg

1. Den Backofen vorheizen. Die Backform mit Backpapier belegen. Eier trennen. Butter, Zucker und Vanillezucker cremig rühren. Eigelbe unterrühren. Mehl und Backpulver unterrühren. Die Hälfte des Teigs in die Form füllen. Im Ofen bei 180° (Mitte, Umluft 160°) 15 Min. backen.

2. Inzwischen die Eiweiße steif schlagen, Zucker nach und nach einrieseln lassen. Die Form aus dem Ofen nehmen, die Hälfte des Eischnees auf dem Boden verteilen und mit der Hälfte der Mandeln bestreuen. Weitere 15 Min. backen. Den zweiten Boden ebenso backen. Einen Boden noch

warm in 4 oder 12 Stücke schneiden. Auskühlen lassen.

3. Die Aprikosen in einem Sieb gut abtropfen lassen. Sahne mit Sahnesteif und Vanillezucker steif schlagen. Aprikosen in kleine Würfel schneiden und unter die Sahne heben.

4. Den Tortenboden mit der Obstsahne kuppelförmig – zur Mitte hin spitzer – bestreichen. Die Kuchenstücke auf die Sahne legen, leicht andrücken. Dabei nach oben hin etwas offen lassen, damit die Sahne noch herausschaut. Diese mit Schokostreuseln bestreuen.

🕐 Zubereitung: 35 Min.

🕐 Backzeit: 30 Min.

Pro Stück ca.: 385 kcal

Für 1 Springform von 26 cm Ø
(12 Stück)
Für den Biskuit:
4 Eier
150 g Zucker
1 Päckchen Vanillezucker
100 g Mehl
2 TL Backpulver
100 g Speisestärke
Für die Füllung:
2 Blatt weiße Gelatine
1 Dose Mandarinen (312 g Inhalt)
500 g Sahne
3 Päckchen Sahnesteif
3 Päckchen Vanillezucker
4 EL Rum (ersatzweise Mandarinensaft)
Backpapier für die Form

Mandarinen-Torte

1. Den Backofen vorheizen. Die Backform mit Backpapier belegen. Eier trennen, Eiweiße steif schlagen. Eigelbe, 4 EL Wasser, Zucker und Vanillezucker schaumig rühren. Mehl, Backpulver und Speisestärke mischen und unterrühren. Eischnee unterheben. Den Teig in die Form füllen. Im Ofen bei 180° (Mitte, Umluft 160°) 20 Min. backen. Auskühlen lassen.

2. Die Gelatine einweichen. Mandarinen in einem Sieb abtropfen lassen, den Saft auffangen. 120 ml Mandarinensaft leicht erwärmen, die Gelatine darin auflösen. 15 Min. kalt stellen. Die Sahne mit Sahnesteif und Vanillezucker steif schlagen. 4 EL Sahne

in eine Tortenspritze füllen. Die übrige Sahne dritteln. Ein Drittel mit dem gelierenden Mandarinensaft verrühren.

3. Den Biskuit zweimal quer durchschneiden. Einen Boden mit Rum tränken, mit einem Drittel der weißen Sahne bestreichen. Den zweiten Boden auflegen. 12 Mandarinen beiseite legen, die übrigen auf dem Boden verteilen. Gleichmäßig mit der Mandarinensahne bestreichen.

4. Den dritten Boden auflegen. Die Torte mit der restlichen Sahne rundum bestreichen. Mit 12 Sahnetupfern und je 1 Mandarine darauf garnieren.

🕐 Zubereitung: 1 Std. 10 Min.

🕐 Backzeit: 20 Min.

🕐 Kühlzeit: 15 Min.

Pro Stück ca.: 305 kcal

Weißwein-Sahne-Torte

Für 1 Springform von 26 cm Ø
(12 Stück)
Für den Rührteig:
4 Eier
125 g weiche Butter
125 g Zucker
1 Päckchen Vanillezucker
150 g Mehl, 2 TL Backpulver
2 EL Milch
Für das Baiser:
150 g Puderzucker
100 g Mandelblättchen
Für die Füllung:
3 TL Speisestärke
125 ml Weißwein
100 g Zucker
5 EL Zitronensaft
400 g Sahne
Puderzucker
Backpapier für die Form

1. Den Backofen vorheizen. Die Backform mit Backpapier belegen. Die Eier trennen. Butter, Zucker und Vanillezucker cremig rühren. Die Eigelbe unterrühren. Mehl, Backpulver und Milch unterrühren. Die Hälfte des Teigs in die Form füllen. Im Ofen bei 180° (Mitte, Umluft 160°) 15 Min. backen.

2. Inzwischen die Eiweiße steif schlagen, den Zucker nach und nach einrieseln lassen. Die Form aus dem Ofen nehmen, die Hälfte des Eischnees auf dem Boden verteilen, mit der Hälfte der Mandeln bestreuen.

Weitere 15 Min. backen. Den zweiten Boden ebenso backen. Beide Böden gut auskühlen lassen.

3. Für die Füllung Speisestärke, Weißwein, Zucker und Zitronensaft in einem Topf unter ständigem Rühren erhitzen und kurz aufkochen lassen. Erkalten lassen.

4. Die Sahne steif schlagen und unter die Weincreme heben. Einen Tortenboden auf eine Platte legen und mit der Weincreme bestreichen. Den zweiten Boden auflegen. Leicht mit Puderzucker bestäuben.

🕐 Zubereitung: 1 Std.

🕐 Backzeit: 1 Std.

Pro Stück ca.: 625 kcal

Mohn-Torte

Für 1 Springform von 26 cm Ø
(12 Stück)
Für den Biskuit:
4 Eier
150 g Zucker
250 g Mohn-Back
100 g Mehl
1/2 Päckchen Backpulver
Für die Füllung:
600 g Sahne
3 Päckchen Sahnesteif
1 Päckchen Vanillezucker
200 g Marzipan-Rohmasse
3 EL loser Mohn
Backpapier für die Form

1. Den Backofen vorheizen. Die Backform mit Backpapier belegen. Die Eier trennen, die Eiweiße steif schlagen. Eigelbe und Zucker schaumig rühren. Mohn-Back mit Mehl und Backpulver unter die Eigelbmasse rühren. Den Eischnee unterheben.

2. Den Teig in die Form füllen. Im Ofen bei 180° (Mitte, Umluft 160°) 30 Min. backen. Gut auskühlen lassen. Einmal quer durchschneiden.

3. Die Sahne mit Sahnesteif und Vanillezucker steif schlagen. Die Marzipan-Rohmasse in sehr feine Scheiben schneiden. Den unteren Boden dicht mit Marzipan belegen.

4. Die Hälfte der Sahne auf der Marzipanschicht verteilen und den zweiten Boden auflegen. Die Torte rundum mit der restlichen Sahne bestreichen und mit ein paar Sahnetupfern verzieren. Dekorativ mit Mohn bestreuen.

Deko-Tipp

Statt mit Mohn können Sie die Torte auch mit gehackten Pistazien oder Nüssen garnieren.

🕐 Zubereitung: 1 Std.

🕐 Backzeit: 30 Min.

Pro Stück ca.: 405 kcal

Für 1 Springform von 26 cm Ø
(12 Stück)
Für den Biskuit:
6 Eier
240 g Zucker
100 g Mehl
100 g Speisestärke
2 gestr. TL Backpulver
3 EL Kakao
Für die Sahne-Füllung:
1 Päckchen gemahlene weiße
Gelatine
400 g Sahne
500 g Quark (20% Fett)
100 g Zucker
1 Päckchen Vanillezucker
Für die Obst-Füllung:
500 g Himbeeren (frisch oder
tiefgekühlt)
6 EL Himbeersirup
2 Päckchen roter Tortenguss
4 EL Zucker
Für die Verzierung:
6 EL gehobelte Mandeln
5 Junikäfer aus Schokolade,
Marzipan oder Zuckerguss
Backpapier für die Form

Tipp

Backen Sie diese Torte zur
Abwechslung in einer Motiv-
Backform, z. B. Stern-, Herren-
torten- oder Rosenform.

Himbeer-Quark-Torte

1. Den Backofen vorheizen. Die Backform mit Backpapier belegen. Die Eier trennen, die Eiweiße steif schlagen. Eigelbe, Zucker und 4 EL warmes Wasser schaumig rühren. Mehl, Speisestärke, Backpulver und Kakao mischen und unter die Eimasse ziehen. Den Eischnee unterheben.

2. Den Teig in die Form füllen. Im Ofen bei 200° (Mitte, Umluft 180°) 15–20 Min. backen. Leicht abgekühlt aus der Form lösen, das Backpapier abziehen. Den Biskuit auf einem Kuchengitter gut auskühlen lassen.

3. Die Gelatine einweichen. Die Sahne steif schlagen. Quark, Zucker und Vanillezucker verrühren, mit der Sahne mischen. Die Gelatine auflösen. Zunächst mit nur 3 EL der Quarksahne glatt rühren, dann in die restliche Quarksahne rühren. Den Biskuit mit einem Tortenring umschließen. Die Quarkmasse darauf gleichmäßig verstreichen.

4. Die Himbeeren verlesen bzw. in einem Sieb auftauen lassen, den Saft dabei auffangen. Den Sirup mit Wasser bzw. dem aufgefangenen Saft und Wasser auf 250 ml auffüllen. Aus Tortenguss, Himbeerwasser und Zucker nach Packungsangaben einen Tortenguss kochen. Die Himbeeren unterheben. Leicht abkühlen lassen.

5. Den Guss gleichmäßig auf der Quarkcreme verteilen, glatt streichen. Die Torte 3 Std. kühl stellen.

6. Vor dem Servieren den Tortenring entfernen. Den Rand und die Oberfläche der Torte dekorativ mit Mandeln bestreuen und mit den Junikäfern verzieren.

Deko-Tipp

Einen Tortenguss in anderer Farbe nach Packungsangaben zubereiten. Auf eine flache Schale oder einen Teller gießen und kalt stellen. Mit einem Plätzchen-Ausstecher nach Wahl Motive ausstechen und die Tortenoberfläche damit garnieren.

🕐 Zubereitung: 1 Std.

🕐 Backzeit: 20 Min.

🕐 Kühlzeit: 3 Std.

Pro Stück ca.: 430 kcal

Für 1 Springform von 26 cm Ø
(12 Stück)
Für den Rührteig:
6 Eier
70 g weiche Butter
140 g Zucker
1 Päckchen Vanillezucker
175 g gemahlene Mandeln
100 g geraspelte Schokolade
1 EL Rum (wer mag)
Für die Füllung:
250 g Sahne
1 Päckchen Sahnesteif
1 Päckchen Vanillezucker
220 g Pfirsichkonfitüre mit
Fruchtstückchen
100 g Schokostreusel
Backpapier für die Form

Schönbrunner Torte

1. Den Backofen vorheizen. Die Backform mit Backpapier belegen. Die Eier trennen, die Eiweiße steif schlagen. Butter, Zucker und Vanillezucker cremig rühren. Die Eigelbe unterrühren. Mandeln, Schokolade und Rum – wer mag – unterrühren. Den Eischnee unterheben.

2. Den Teig in die Form füllen. Im Ofen bei 160° (Mitte, Umluft 140°) 20–30 Min. backen. Den Boden gut auskühlen lassen. Einmal quer durchschneiden.

3. Die Sahne mit Sahnesteif und Vanillezucker steif schlagen. Den unteren Boden dick mit der Konfitüre bestreichen. Den zweiten Boden auflegen. Die Sahne in einen Spritzbeutel füllen und die Torte damit spiralförmig verzieren. Den Tortenrand mit Schokostreuseln bestreuen.

Deko-Tipp

100 g getrocknete Aprikosen in kleine Würfel schneiden und die Oberfläche damit bestreuen.

🕐 Zubereitung: 55 Min.

🕐 Backzeit: 30 Min.

Pro Stück ca.: 425 kcal

Für 1 Springform von 26 cm Ø
(12 Stück)
Für den Biskuit:
4 Eier
100 g Zucker
100 g gemahlene Haselnüsse
1 EL Mehl
1 TL Backpulver
100 g Raspelschokolade
Für die Füllung:
600 g Sahne
3 Päckchen Sahnesteif
3 Päckchen Vanillezucker
1 Päckchen Frappé-Pulver
(Nescafé)
6 EL Cognac oder Kaffeelikör
(ersatzweise Kaffee)
3 EL Kakaopulver (Instant)
2 EL Schokostreusel
Backpapier für die Form

Frappé-Torte

1. Den Backofen vorheizen. Die Backform mit Backpapier belegen. Die Eier trennen, die Eiweiße steif schlagen. Zucker und Eigelbe schaumig rühren. Haselnüsse, Mehl, Backpulver und Schokolade unterrühren. Den Eischnee unterheben. Den Teig in die Form füllen. Im Ofen bei 180° (Mitte, Umluft 160°) 35 Min. backen. Gut auskühlen lassen. Einmal quer durchschneiden.

2. 400 g Sahne mit 2 Päckchen Sahnesteif, 2 Päckchen Vanillezucker und dem Frappé-Pulver steif schlagen. Die restliche Sahne mit je 1 Päckchen Sahnesteif und Vanillezucker steif schlagen.

3. Den unteren Boden mit einem Tortenring umschließen. Mit Cognac oder Likör beträufeln und die Hälfte der Frappésahne darauf verstreichen. Den zweiten Boden auflegen, leicht andrücken und zunächst die Vanillesahne, dann die zweite Hälfte der Frappésahne darauf verteilen. Die Torte mit Kakaopulver bestäuben. Den Tortenrand mit Schokostreuseln garnieren.

Tipp

Falls Kinder mitessen, 5 EL Instant-Kakao statt des Frappé-Pulvers verwenden und auf Cognac oder Likör verzichten.

🕐 Zubereitung: 40 Min.

🕐 Backzeit: 35 Min.

Pro Stück ca.: 350 kcal

Für 1 Springform von 26 cm Ø
(12 Stück)
Für den Biskuit:
6 Eier
250 g Zucker
200 g gemahlene Haselnüsse
25 g Kaffee-Instantpulver
3 EL Mehl
1/2 Päckchen Backpulver
Für die Füllung:
600 g Sahne
2 EL Cappuccinopulver
3 Päckchen Sahnesteif
2 Päckchen Vanillezucker
12 Mokkabohnen
Backpapier für die Form

Kaffee-Torte

1. Den Backofen vorheizen. Die Backform mit Backpapier belegen. 3 Eier trennen, die Eiweiße steif schlagen. Zucker, 3 Eier und die Eigelbe schaumig rühren. Haselnüsse, Kaffeepulver, Mehl und Backpulver mischen und unter die Eimasse heben. Den Eischnee unterziehen.

2. Den Teig in die Form füllen. Im Backofen bei 200° (Mitte, 180°) 25 Min. backen. Leicht abgekühlt aus der Form lösen, das Backpapier abziehen. Den Boden gut auskühlen lassen. Einmal quer durchschneiden.

3. Die Sahne mit Cappuccinopulver, Sahnesteif und Vanille-zucker steif schlagen. 4 EL in einen Spritzbeutel füllen. Den unteren Tortenboden mit der Hälfte der Sahne bestreichen. Den zweiten Boden auflegen. Die Torte rundum mit Sahne bestreichen. Mit 12 Sahnetupfern garnieren. Auf jeden Sahnetupfer 1 Mokkabohne setzen.

Deko-Tipp

Bestäuben Sie die Oberfläche hauchdünn mit etwas Cappuccino- oder Kakaopulver, bevor Sie sie mit Sahnetupfern garnieren. Ein reizvoller Kontrast.

🕑 Zubereitung: 50 Min.

🕑 Backzeit: 25 Min. Pro Stück ca.: 435 kcal

Für 1 Springform von 26 cm Ø
(12 Stück)
Für den Rührteig:
100 g Zartbitter-Schokolade
4 Eier
1 Prise Salz
120 g Zucker + 2 EL Zucker
120 g weiche Butter
125 g gehackte Mandeln
2 EL Mehl
Für die Füllung:
400 g Sahne
2 Päckchen Sahnesteif
2 Päckchen Vanillezucker
1 Glas Preiselbeeren in Gelee
(Inhalt 400 g)
Minzblättchen für die Dekoration
Backpapier für die Form

Brämer Torte

1. Den Backofen vorheizen. Die Backform mit Backpapier belegen. Die Schokolade fein hacken. 2 der Eier trennen. Die Eiweiße mit Salz steif schlagen, 2 EL Zucker einrieseln lassen. Butter und Zucker cremig rühren. Eier und Eigelbe unterrühren. Mandeln, Mehl und die Schokolade unterrühren. Den Eischnee unterheben.

2. Den Teig in die Form füllen. Im Ofen bei 180° (unten, Umluft 160°) 30 Min. backen. Gut auskühlen lassen. Einmal quer durchschneiden.

3. Die Sahne mit Sahnesteif und Vanillezucker steif schlagen. 4 EL Preiselbeergelee für die Deko beiseite stellen. Den unteren Boden mit dem restlichen Preiselbeergelee und der Hälfte der Sahne bestreichen. Den zweiten Boden auflegen, leicht andrücken und mit der restlichen Sahne bestreichen.

4. Mit einem Esslöffelrücken Vertiefungen in die Sahne drücken. Die Vertiefungen mit Preiselbeergelee füllen. Mit Minzblättchen dekorieren.

🕑 Zubereitung: 1 Std.

🕑 Backzeit: 30 Min. Pro Stück ca.: 430 kcal

Herrschaftstorte

Für 1 Springform von 26 cm Ø
(12 Stück)
Für den Rührteig:
3 Eier
175 g weiche Butter
150 g Zucker
1 Prise Salz
150 g Mehl
2 TL Backpulver
3 EL Milch
Für das Baiser:
120 g Zucker
50 g gemahlene Mandeln
50 g gehobelte Mandeln
Für die Füllung:
300 g schwarze Johannisbeeren
oder Heidelbeeren (frisch oder
tiefgekühlt)
400 g Sahne
2 Päckchen Sahnesteif
2 Päckchen Vanillezucker
Puderzucker (wer mag)
Backpapier für die Form

1. Den Backofen vorheizen. Die Backform mit Backpapier belegen. Die Eier trennen, die Eiweiße für das Baiser beiseite stellen. Butter, Zucker und Salz cremig rühren. Die Eigelbe unterrühren. Mehl und Backpulver mischen und mit der Milch unter den Teig rühren. Den Teig in die Form füllen.

2. Die Eiweiße steif schlagen, den Zucker nach und nach einrieseln lassen. Die gemahlenen Mandeln unter den Eischnee ziehen. Die Baisermasse gleichmäßig auf dem Teig verteilen und glatt streichen. Mit Mandelblättchen bestreuen.

3. Im Ofen bei 180° (unten, Umluft 160°) 40 Min. backen. Die Hitze auf 120° (Umluft 100°) reduzieren und weitere 30 Min. backen. Dabei fällt die Masse leicht zusammen. Den Boden leicht abgekühlt aus der Form lösen, das Backpapier abziehen und den Boden auf einem Kuchengitter auskühlen lassen. Einmal quer durchschneiden.

4. Für die Füllung die Beeren putzen, vorsichtig waschen bzw. auftauen und abtropfen lassen. Die Sahne mit Sahnesteif und Vanillezucker steif schlagen, die Beeren mit dem Schneebesen unterziehen.

5. Den unteren Boden auf eine Tortenplatte legen, mit der Obstsahne bestreichen, den zweiten Boden auflegen. Die Torte mindestens 1 Std. kühl stellen. Eventuell leicht mit Puderzucker bestäuben.

Deko-Tipp

Eine tolle Deko für besonders festliche Anlässe: Stecken Sie in die Mitte der Torte 2 Glas-Trichter mit je 1 Teelicht oder ein paar Blumen. Belegen Sie die restliche Torte mit kandierten Veilchen (Reformhaus). Sieht toll aus!

Tipp

Damit die Baisermasse sicher gelingt, die Eiweiße in einer Schüssel aufschlagen, die absolut fettfrei ist. Auch die Schneebesen des Handrührgeräts müssen sauber sein. Die Eier sorgfältig trennen, schon ein Tropfen Eigelb kann verhindern, dass das Eiweiß steif wird!
Die Eiweiße zunächst auf niedriger Stufe, dann mit zunehmender Geschwindigkeit schlagen, bis die Masse halbfest ist. Unter Rühren nach und nach den Zucker einrieseln lassen und cremig aufschlagen.
Die Mandeln mit einem Schneebesen unterziehen, nicht mit dem Handrührgerät unterrühren. Wenn Sie den Eischnee nicht sofort weiterverarbeiten, bis zur Verwendung abgedeckt in den Kühlschrank stellen.

🕐 Zubereitung: 40 Min.

🕐 Backzeit: 1 Std. 10 Min.

🕐 Kühlzeit: 1 Std.

Pro Stück ca.: 445 kcal

Für 1 Springform von 26 cm Ø
(12 Stück)
Für den Rührteig:
3 Eier, 30 g Zucker
125 g weiche Butter
100 g Puderzucker
2 EL Zitronensaft
125 g Mehl, 1 TL Backpulver
Für die Füllung:
2 Päckchen Götterspeise Wald-
meister-Geschmack
8 EL Zucker
400 g Crème fraîche
1 Päckchen Vanillezucker
400 g Sahne
Minz- oder Melisseblättchen
(wer mag)
Backpapier für die Form

Waldmeister-Sahne-Torte

1. Den Backofen vorheizen. Die Backform mit Backpapier belegen. Die Eier trennen. Eiweiße steif schlagen, Zucker einrieseln lassen. Butter, Puderzucker und die Eigelbe cremig rühren. Den Zitronensaft dazugeben. Mehl und Backpulver mischen und unterrühren. Den Eischnee unterheben. Den Teig in die Form füllen. Im Ofen bei 180° (Mitte, Umluft 160°) 15 Min. backen. Gut auskühlen lassen.

2. Die Götterspeise nach Packungsangaben mit 4 EL Zucker und 500 ml Wasser 10 Min. quellen lassen. Kurz aufkochen lassen und von der Herdplatte ziehen. Crème fraîche mit dem restlichen Zucker und

Vanillezucker glatt rühren. In die Götterspeise rühren. Die Creme 30 Min. kühl stellen.

3. Den Tortenboden mit einem Tortenring umschließen. Die Sahne steif schlagen, 4 EL in eine Tortenspritze füllen. Die restliche Sahne unter die Waldmeistercreme ziehen. Die Waldmeistersahne gleichmäßig auf dem Boden verstreichen. Die Torte 2 Std. kalt stellen.

4. Vor dem Servieren die Torte mit Sahnetupfern verzieren. Mit Minz- oder Melisseblättchen – wer mag – garnieren.

🕐 Zubereitung: 1 Std. 15 Min.	🕐 Ruhezeit: 2 Std. 30 Min.
🕐 Backzeit: 15 Min.	Pro Stück ca.: 445 kcal

Für 1 Springform von 26 cm Ø
(12 Stück)
Für den Rührteig:
4 Eier, 125 g weiche Butter
125 g Zucker
1 Päckchen Vanillezucker
150 g Mehl, 2 TL Backpulver
2 EL Milch
Für die Füllung:
100 g Zucker
Saft von 3 Zitronen
4 TL Speisestärke
400 g Sahne
2 Päckchen Sahnesteif
4 EL Zitronenlikör (ersatzweise
Zitronensaft mit Wasser gemischt)
2 EL Puderzucker
Backpapier für die Form

Ostfriesen-Torte

1. Den Backofen vorheizen. Die Backform mit Backpapier belegen. Die Eier trennen, die Eiweiße steif schlagen. Butter, Zucker und Vanillezucker cremig rühren. Die Eigelbe unterrühren. Mehl und Backpulver mischen und mit der Milch unterrühren. Den Eischnee unterheben.

2. Den Teig in die Form füllen. Im Ofen bei 180° (Mitte, Umluft 160°) 30 Min. backen. Gut auskühlen lassen. Einmal quer durchschneiden.

3. Für die Füllung 125 ml Wasser mit Zucker, Zitronensaft und Speisestärke gut verrühren und kurz aufkochen lassen. Auskühlen lassen.

4. Die Sahne mit Sahnesteif steif schlagen und unter die Zitronenmasse ziehen. Den unteren Boden mit dem Zitronenlikör tränken. Die Zitronensahne darauf verteilen. Den zweiten Boden auflegen. Die Torte mit dem Puderzucker ganz leicht bestäuben und 2 Std. kühl stellen.

🕐 Zubereitung: 1 Std. 15 Min.	🕐 Kühlzeit: 2 Std.
🕐 Backzeit: 30 Min.	Pro Stück ca.: 350 kcal

Bananentorte

Für 1 Springform von 26 cm Ø
(12 Stück)
Für den Rührteig:
150 g weiche Butter
150 g Zucker, 4 Eier
1 EL Mehl
1/2 TL Backpulver
1 EL Kakao
200 g gemahlene Haselnüsse
Für die Füllung:
10 Bananen
4 EL Zitronensaft
400 g Sahne
2 Päckchen Sahnesteif
2 Päckchen Vanillezucker
100 g Zartbitterschokolade
Backpapier für die Form

1. Den Backofen vorheizen. Die Backform mit Backpapier belegen. Butter und Zucker cremig rühren. Die Eier unterrühren. Mehl, Backpulver, Kakao und Haselnüsse mischen und unter die Eimasse rühren. Den Teig in die Form füllen. Im Ofen bei 180° (Mitte, Umluft 160°) 30 Min. backen. Abgekühlt aus der Form lösen, das Backpapier abziehen. Den Kuchen gut auskühlen lassen.

2. Die Bananen schälen, der Länge nach halbieren und mit Zitronensaft beträufeln. Die Sahne mit Sahnesteif und Vanillezucker steif schlagen. Die Torte mit den Bananen kuppelartig – zur Mitte hin höher – belegen. Die Sahne ebenfalls kuppelförmig darauf verstreichen.

3. Die Schokolade grob hacken und im Wasserbad schmelzen lassen. Die Schokolade vorsichtig auf die Mitte der Torte geben und verlaufen lassen. Die Torte vor dem Servieren mindestens 15 Min. kalt stellen, damit die Schokolade fest werden kann.

Deko-Tipp

Sehr dekorativ: Garnieren Sie die Torte unmittelbar vor dem Servieren mit getrockneten Bananenchips.

🕐 Zubereitung: 1 Std.

🕐 Backzeit: 30 Min.

🕐 Kühlzeit: 15 Min.

Pro Stück ca.: 510 kcal

Spekulatiustorte

Für 1 Springform von 26 cm Ø
(12 Stück)
Für den Knusperteig:
200 g Spekulatius (Weihnachtsplätzchen)
100 g Butter
Für die Füllung:
1 Glas Sauerkirschen (700 g Inhalt)
1 Glas Preiselbeeren in Saft (400 g Inhalt)
1 Päckchen roter Tortenguss
2 EL Zucker
Für den Belag:
600 g Sahne
3 Päckchen Sahnesteif
3 Päckchen Vanillezucker
Backpapier für die Form

1. Die Backform mit Backpapier belegen. Die Butter schmelzen. Die Plätzchen in einen Gefrierbeutel geben, den Beutel verschließen. Die Plätzchen mit dem Nudelholz zerbröseln, mit der flüssigen Butter verkneten. Die Krümelmasse in die Form drücken. 30 Min. kalt stellen.

2. Kirschen und Preiselbeeren in einem Sieb gut abtropfen lassen, dabei den Saft auffangen. Aus Tortenguss, 250 ml des aufgefangenen Safts und dem Zucker nach Packungsangaben einen Tortenguss kochen.

3. Zwei Drittel der Früchte gleichmäßig auf dem Krümelboden in der Form verteilen. Die Früchte mit dem noch warmen Tortenguss überziehen. 30 Min. kalt stellen.

4. Die Sahne mit Sahnesteif und Vanillezucker steif schlagen, in einen Spritzbeutel füllen. Die Torte aus der Form lösen und mit einem Messer 12 gleichmäßige Stücke markieren. Jedes Stück der Torte – von der Mitte ausgehend – mit Sahne garnieren. Mit den restlichen Früchten dekorieren.

🕐 Zubereitung: 45 Min.

🕐 Kühlzeit: 1 Std.

Pro Stück ca.: 410 kcal

Für 1 Springform von 26 cm Ø
(12 Stück)
Für den Mürbeteig:
100 g Mehl
100 g Zucker
1 Eigelb
100 g kalte Butter in Flöckchen
100 g gemahlene Mandeln
Für den Biskuit:
6 Eier
175 g Zucker
3 EL Butter
75 g Mehl
2 EL Speisestärke
50 g Kakao
Für die Füllung:
**300 g Himbeeren (frisch oder tief-
gekühlt)**
800 g Sahne
4 Päckchen Sahnesteif
4 EL Zucker
**Zitronenmelisse-
blättchen (wer mag)**
Backpapier und Fett für die Form

Tipp

Nur drei Viertel der Sahne mit
dem Himbeerpüree mischen. Die
Torte rundum mit der weißen
Sahne bestreichen.

Festliche Himbeertorte

1. Für den Mürbeteig das Mehl
in eine Schüssel sieben. Mit
Zucker, Eigelb, Butter und Mandeln
verkneten. Den Teig in 2 Hälften teilen, zu Kugeln formen. In Frischhaltefolie gewickelt 30 Min. kalt stellen.

2. Den Backofen vorheizen. Die
Backform mit Backpapier belegen. Für den Biskuit die Eier trennen,
die Eiweiße steif schlagen. Die Eigelbe,
8 EL warmes Wasser, Zucker und Butter schaumig schlagen. Mehl, Speisestärke und Kakao mischen, unter die
Eicreme rühren. Den Eischnee unterheben. Den Teig in die Form füllen. Im
Ofen bei 200° (Mitte, Umluft 180°)
30 Min. backen. Gut auskühlen lassen.

3. Die Backform dünn fetten. Eine
Portion Mürbeteig ausrollen, in
die Form legen und im Ofen bei 200°
(unten, Umluft 180°) 15 Min. backen.
Den zweiten Boden ebenso backen.
Beide Böden auskühlen lassen.

4. Die Himbeeren waschen bzw.
tiefgekühlte Früchte in einem
Sieb auftauen und abtropfen lassen.
12 schöne Früchte für die Dekoration
beiseite legen. Die restlichen Himbeeren pürieren oder durch ein Sieb streichen. Die Sahne mit Sahnesteif und
Zucker steif schlagen. Das Himbeerpüree gleichmäßig unterziehen.

5. Den Biskuit einmal quer durchschneiden. Einen Mürbeteigboden mit einem Viertel der Himbeer-
sahne bestreichen. Einen Biskuitboden
auflegen und mit einem weiteren Viertel der Sahne bestreichen. Den zweiten
Biskuitboden auflegen, mit der Hälfe
der restlichen Sahne bestreichen. Den
zweiten Mürbeteigboden auflegen und
die Torte rundum mit Sahne bestreichen.

6. Die Torte mit den Himbeeren
und – wer mag – mit Zitronenmelisse dekorieren. Den Tortenrand
mit einem Tortenkamm formen.

Deko-Tipp

6–8 frische, unbehandelte Rosen,
die noch nicht ganz aufgeblüht
sein sollten, unterhalb der Blüte
abschneiden. 1 Eiweiß mit 3 EL
Wasser verschlagen und die Rosen
nacheinander darin wenden.
Überschüssige Flüssigkeit vorsichtig abschütteln. Die Blüten rundum mit 4 EL feinem Zucker bestreuen. So auf ein Kuchengitter
stecken, dass die Blüten aufrecht
stehen. 4–5 Std. trocknen lassen.
Sie können die Rosen auch bei
50° im Backofen (Mitte) in
3–4 Std. trocknen lassen. Die Torte
mit den kandierten Rosen dekorieren.

🕐 Zubereitung: 1 Std.

🕐 Backzeit: 1 Std.

🕐 Ruhezeit: 30 Min.

Pro Stück ca.: 565 kcal

Cremige Verführer

Buttercreme & Co.

Eine festliche Kaffeetafel ohne Buttercremetorte oder leichte Quark- oder Joghurtcreme-Torte ist für echte Tortenfans undenkbar. Die Zubereitung solcher Torten ist viel einfacher als Ungeübte oft vermuten. Probieren Sie es aus und lassen Sie sich vom feinen Aroma der Innsbrucker Torte, der Leichtigkeit der Pfirsichtorte und der süßen Schoko-Note der Weihnachtlichen Zimttorte verführen.

Heller Biskuitboden – leichte Variante

Für 1 Springform von 26 cm Ø (12 Stück)
4 Eier
125 g Zucker
75 g Mehl
50 g Speisestärke
Backpapier für die Form

1. Den Backofen vorheizen. Die Backform mit Backpapier belegen. Die Eier trennen, die Eiweiße steif schlagen. Die Eigelbe mit Zucker schaumig rühren. Mehl und Speisestärke mischen und unterheben. Den Eischnee unterziehen.

2. Den Teig in die Form füllen. Im Ofen bei 175° (Mitte, Umluft 160°) 15–20 Min. backen. Leicht abgekühlt aus der Form lösen, das Backpapier abziehen. Den Kuchen auf einem Kuchengitter auskühlen lassen. Nach Bedarf quer durchschneiden.

⏱ Zubereitung: 15 Min.	
⏱ Backzeit: 20 Min.	Pro Stück ca.: 105 kcal

Krokant-Buttercremetorte

Für 1 Springform von 26 cm Ø (12 Stück)
1 vorbereiteter Biskuitboden (leichte Variante)
Für die Buttercreme:
1 Päckchen Vanille-Puddingpulver (zum Kochen)
500 ml Milch, 2 EL Zucker
250 g weiche Butter, 80 g Puderzucker
Für den Krokant:
100 g Zucker
100 g gemahlene Haselnüsse oder Mandeln

1. Aus Puddingpulver, Milch und Zucker nach Packungsangaben einen Pudding kochen. Auf Zimmertemperatur abkühlen lassen. Für den Krokant Zucker und 2 EL Wasser in einer beschichteten Pfanne bei mittlerer Hitze karamellisieren lassen. Die Nüsse dazugeben, kurz aufkochen und abkühlen lassen. Die Hälfte der Krokantmasse zerkleinern, unter den Pudding ziehen.

2. Butter und Puderzucker cremig rühren. Den Pudding löffelweise unterrühren. Den Biskuit einmal quer durchschneiden. Mit der Buttercreme füllen und rundum bestreichen. 2 Std. kühl stellen. Die Torte mit dem Rest der grob zerkleinerten Krokantmasse verzieren.

⏱ Zubereitung: 20 Min.	⏱ Kühlzeit: 2 Std.
	Pro Stück ca.: 420 kcal

Heller Biskuitboden – saftige Variante

Für 1 Springform von 26 cm Ø (12 Stück)
5 Eier, 50 g weiche Butter
150 g Zucker, 1 Päckchen Vanillezucker
1 TL abgeriebene Zitronenschale
1 Prise Salz, 150 g Mehl
Backpapier für die Form

1. Den Backofen vorheizen. Die Backform mit Backpapier belegen. Die Eier trennen, Eiweiße steif schlagen. Butter, Zucker und Vanillezucker cremig rühren. Die Eigelbe unterrühren. Zitronenschale, Salz und Mehl mischen und unterrühren. Den Eischnee unterheben.

2. Den Teig in die Form füllen. Im Ofen bei 180° (Mitte, Umluft 160°) 30 Min. backen. Leicht abgekühlt aus der Form lösen, das Backpapier abziehen. Den Biskuit auf einem Kuchengitter auskühlen lassen. Nach Bedarf quer durchschneiden.

Variante: Für dunklen Biskuit 50 g Kakaopulver mit dem Mehl zum Teig geben.

⏱ Zubereitung: 20 Min.	
⏱ Backzeit: 30 Min.	Pro Stück ca.: 165 kcal

Stachelbeer-Sahne-Torte

Für 1 Springform von 26 cm Ø (12 Stück)
1 vorbereiteter Biskuitboden (saftige Variante)
1 Glas Stachelbeeren (720 g Inhalt)
1 Päckchen klarer Tortenguss
Für den Belag:
400 g Sahne
je 2 Päckchen Sahnesteif und Vanillezucker

1. Biskuit zweimal durchschneiden. Stachelbeeren in einem Sieb abtropfen lassen, den Saft auffangen. 12 Beeren für die Dekoration beiseite stellen. Aus Tortenguss und 250 ml Stachelbeersaft nach Packungsangaben einen Guss kochen. Die Stachelbeeren dazugeben, noch warm auf dem unteren Boden verteilen. Abkühlen lassen.

2. Die Sahne mit Sahnesteif und Vanillezucker steif schlagen. Die Hälfte der Sahne auf den Beeren verteilen, den zweiten Boden auflegen. Die Torte dünn mit der restlichen Sahne bestreichen. Mit Sahnetupfern und diese jeweils mit 1 Stachelbeere garnieren. Den Tortenrand mit einem Tortenkamm verzieren. Die Torte 3 Std. kühl stellen.

⏱ Zubereitung: 20 Min.	⏱ Kühlzeit: 3 Std.
	Pro Stück ca.: 285 kcal

Für 1 Springform von 26 cm Ø
(12 Stück)
Für den Biskuit:
3 Eier, 70 g Zucker
1 Päckchen Vanillezucker
90 g Mehl, 1 TL Backpulver
Für die Füllung:
12 Blatt weiße Gelatine
150 g Zucker
200 g Frischkäse
450 g Vanillejoghurt
200 g Sahne
1 Dose Pfirsiche (825 g Inhalt)
Für den Guss:
1 Päckchen gelber Tortenguss
2 EL Zucker
Für die Verzierung:
200 g Sahne
1 Päckchen Sahnesteif
1 Päckchen Vanillezucker
Cornflakes zum Garnieren
Backpapier für die Form

Pfirsich-Torte

1. Den Backofen vorheizen. Die Backform mit Backpapier belegen. Die Eier trennen, die Eiweiße steif schlagen. Eigelbe, Zucker und Vanillezucker schaumig rühren. Mehl und Backpulver mischen und unterrühren. Den Eischnee unterheben. Den Teig in die Form füllen. Im Ofen bei 180° (Mitte, Umluft 160°) 15 Min. backen. Noch 5 Min. im ausgeschalteten Backofen stehen lassen. Herausnehmen und gut auskühlen lassen.

2. Die Gelatine einweichen. Zucker, Frischkäse und Joghurt verrühren. Die Sahne steif schlagen und unterziehen. Die Gelatine auflösen, zunächst mit nur 2 EL Frischkäsecreme verrühren, dann unter die restliche Creme rühren.

3. Die Pfirsiche in einem Sieb abtropfen lassen, den Saft auffangen. 2 Pfirsichhälften für die Dekoration beiseite stellen. Die restlichen Pfirsiche klein würfeln und unter die Frischkäsecreme heben. Gleichmäßig auf dem Tortenboden verteilen.

4. Aus Tortenguss, 220 ml Pfirsichsaft und Zucker einen Guss kochen. Leicht abkühlen lassen, die Frischkäsecreme damit überziehen. Die Torte 2 Std. kühl stellen.

5. Die Sahne mit Sahnesteif und Vanillezucker steif schlagen. Die Torte mit 12 Sahnetupfern und Pfirsichspalten garnieren. Rundum mit Cornflakes bestreuen, leicht andrücken.

⏱ Zubereitung: 1 Std.	⏱ Kühlzeit: 2 Std.
⏱ Backzeit: 15 Min.	Pro Stück ca.: 385 kcal

Für 1 Springform von 26 cm Ø
(12 Stück)
Für den Biskuit:
3 Eier
150 g weiche Butter
150 g Mehl, 1 Msp. Backpulver
Für die Füllung:
200 g Frischkäse
150 g Crème fraîche
100 g Zucker
6 EL Mandellikör (ersatzweise Mandelsirup)
400 g Sahne, 2 Päckchen Sahnesteif
2 Päckchen Vanillezucker
Für die Verzierung:
2 EL Schokoplättchen, 2 EL Kakao
Backpapier für die Form

Venezia-Torte

1. Den Backofen vorheizen. Die Backform mit Backpapier belegen. Die Eier trennen, die Eiweiße steif schlagen. Butter, Eigelbe und 3 EL warmes Wasser schaumig rühren. Mehl und Backpulver mischen und unterrühren. Den Eischnee unterheben. Den Teig in die Form füllen. Im Ofen bei 175° (Mitte, Umluft 160°) 20 Min. backen. Gut auskühlen lassen.

2. Den Frischkäse mit Crème fraîche, Zucker und Mandellikör verrühren. Die Sahne mit Sahnesteif und Vanillezucker steif schlagen. Unter die Frischkäsecreme heben.

3. Den Tortenboden mit der Frischkäsecreme bestreichen. Den Tortenrand mit Schokoplättchen bestreuen, die Oberfläche mit Kakao bestäuben.

⏱ Zubereitung: 20 Min.	
⏱ Backzeit: 20 Min.	Pro Stück ca.: 425 kcal

Käse-Streusel-Torte

Für 1 Springform von 26 cm Ø
(12 Stück)
Für den Streuselteig:
1 Eigelb
125 g Butter, 125 g Zucker
1 Päckchen Vanillezucker
2 EL Zitronensaft
250 g Mehl
1/2 Päckchen Backpulver
Für die Füllung:
5 Eier, 125 g Butter
250 g Zucker
1 Päckchen Vanillezucker
1 EL Grieß
750 g Quark (20 % Fett)
Saft und Schale 1 unbehandelten
Zitrone
Für die Verzierung:
1 EL Zimt, 1 EL Zucker
100 g Kuvertüre
Backpapier für die Form

1. Den Backofen vorheizen. Die Backform mit Backpapier belegen. Eigelb, Butter, Zucker, Vanillezucker und Zitronensaft verrühren. Mehl und Backpulver mischen, unterkneten. Zwei Drittel des Teigs in die Form drücken.

2. Die Eier trennen, die Eiweiße steif schlagen. Eigelbe, Butter, Zucker, Vanillezucker und Grieß cremig rühren. Quark, Zitronensaft und -schale unterrühren. Den Eischnee unterheben. Die Füllung auf dem Teig verstreichen. Den restlichen Teig in Streuseln darauf verteilen.

3. Im Ofen bei 175° (Mitte, Umluft 160°) 60–70 Min. backen. Noch 15 Min. im ausgeschalteten Backofen stehen lassen. Herausnehmen und mit Zimt und Zucker bestreuen.

4. Die Kuvertüre im Wasserbad schmelzen lassen. In einen Gefrierbeutel füllen, eine kleine Spitze abschneiden und die Kuvertüre in Streifen über die Torte spritzen.

⏱ Zubereitung: 40 Min.	⏱ Ruhezeit: 15 Min.
⏱ Backzeit: 1 Std. 10 Min.	Pro Stück ca.: 515 kcal

Deutschlandtorte

Für 1 Springform von 26 cm Ø
(12 Stück)
Für die Füllung:
1 Päckchen Vanille-Puddingpulver
(zum Kochen für 500 ml Milch)
375 ml Milch
100 g Zucker
250 g weiche Butter
Für den Biskuit:
6 Eier
300 g Zucker
150 ml Öl
6 gestr. TL Backpulver
je 2 Päckchen Vanille-, Schokola-
den- und Erdbeer-Puddingpulver
(zum Kochen für je 500 ml Milch)
Backpapier für die Form

1. Für die Füllung aus Puddingpulver, Milch und Zucker nach Packungsangaben einen Pudding kochen. Mir Frischhaltefolie abdecken, damit sich keine Haut bildet. Beiseite stellen und auf Zimmertemperatur abkühlen lassen.

2. Den Backofen vorheizen. Die Backform mit Backpapier belegen. Die Eier trennen, die Eiweiße steif schlagen. Eigelbe und Zucker schaumig rühren. Öl und Backpulver unterrühren. Den Eischnee unterziehen. Die Eimasse in 3 Teile teilen. Unter je einen Teil der Eimasse das Vanille-, Schokoladen- bzw. Erdbeer-Puddingpulver ziehen.

3. Die erste Portion Teig in die Form füllen. Im Ofen bei 180° (Mitte, Umluft 160°) 30 Min. backen. Die beiden anderen Teige ebenso backen. Auskühlen lassen. Inzwischen den Pudding löffelweise unter die zimmerwarme Butter rühren. 3 EL Creme in einen Spritzbeutel füllen.

4. Den Schokoboden mit einem Drittel der Buttercreme bestreichen. Den Erdbeerboden auflegen, wiederum mit Creme bestreichen. Den Vanilleboden auflegen. Die Oberfläche der Torte mit der restlichen Creme bestreichen. Die Torte mit 12 Cremetupfern verzieren. 2 Std. kalt stellen.

⏱ Zubereitung: 40 Min.	⏱ Kühlzeit: 2 Std.
⏱ Backzeit: 1 Std. 30 Min.	Pro Stück ca.: 495 kcal

Rahmguss-Torte

Für 1 Springform von 26 cm Ø
(12 Stück)
Für den Mürbeteig:
250 g Mehl
1 Prise Zimt
1 Prise Salz
100 g Zucker
1 Päckchen Vanillezucker
125 g kalte Butter in Flöckchen
1 Päckchen Citro-Back
1 Ei
Für die Nussfüllung:
100 g gemahlene Nüsse (nach Geschmack)
50 g Zucker
1/2 TL Zimt
1 Ei
Für die Obst-Füllung:
2 Gläser Heidelbeeren (à 540 g Inhalt)
1 Päckchen Vanille-Puddingpulver (zum Kochen für 500 ml Milch)
20 g Zucker
Für den Rahmguss:
3 Eier
80 g Zucker
200 g saure Sahne
Für die Verzierung:
6 EL Puderzucker
Fett für die Form
Mehl zum Arbeiten

Variante

Die Rahmguss-Torte schmeckt auch mit Ananas oder Kirschen sehr gut.

1. Mehl in eine Schüssel sieben, Zimt und Salz untermischen. Mit Zucker, Vanillezucker, Butter, Citro-Back und Ei rasch zu einem glatten Teig verkneten. Den Teig in Frischhaltefolie wickeln und 30 Min. kühl stellen.

2. Für die Nussfüllung die Nüsse mit Zucker, Zimt und Ei verrühren. Die Heidelbeeren in einem Sieb abtropfen lassen, den Saft dabei auffangen. 2 EL Heidelbeeren für die Dekoration beiseite stellen. Aus Puddingpulver, Zucker und 500 ml Heidelbeersaft nach Packungsangaben einen Pudding kochen.

3. Den Backofen vorheizen. Die Backform dünn fetten. Den Mürbeteig auf bemehlter Arbeitsfläche ausrollen und in die Form legen. Im Ofen bei 200° (Mitte, Umluft 180°) 10 Min. backen. Die Form aus dem Ofen nehmen und den Mürbeteig mit der Nussmasse bestreichen. Die Heidelbeeren darauf verteilen und mit der Puddingmasse bedecken. Weitere 15–20 Min. backen.

4. Inzwischen für den Guss die Eier trennen. Die Eiweiße steif schlagen, 40 g Zucker einrieseln lassen. Die Eigelbe mit 40 g Zucker schaumig rühren. Die saure Sahne mit der Eigelbmasse verrühren, den Eischnee unterziehen.

5. Die Torte aus dem Ofen nehmen, den Guss gleichmäßig darauf verteilen. Die Torte in 20 Min. fertig backen. Im ausgeschalteten Ofen bei geöffneter Backofentür auskühlen lassen. Vor dem Servieren dick mit Puderzucker bestäuben, mit den restlichen Heidelbeeren garnieren.

Deko-Tipp

Werden Sie kreativ und stellen Sie Ihre Tortenunterlage selbst her – aus Lack- oder Metallfolie oder aus Tonkarton.
Den Springformboden auf den Karton legen und im Abstand von mindestens 6 cm rundum die Umrisse des gewünschten Motivs auf den Karton zeichnen – z. B. eine Blume oder eine Frucht etc. Das Motiv ausschneiden, auf eine Kuchenplatte legen und die Torte auf einer Tortenpappe darauf setzen – fertig!

🕐 Zubereitung: 30 Min.

🕐 Backzeit: 50 Min.

🕐 Kühlzeit: 30 Min.

Pro Stück ca.: 390 kcal

Schmandtorte

Für 1 Springform von 26 cm Ø
(12 Stück)
Für die Füllung:
**2 Päckchen Vanille-Puddingpulver
(zum Kochen für je 500 ml Milch)
500 ml Milch, 140 g Zucker
3 kleine Dosen Mandarinen
(à 312 g Inhalt)
400 g Schmand
250 g Quark (20 % Fett)**
Für den Rührteig:
**75 g weiche Butter
75 g Zucker
1 Päckchen Vanillezucker
1 Ei, 150 g Mehl
1 TL Backpulver**
Für den Guss:
**2 EL Zucker
1 Päckchen klarer Tortenguss**
Für die Verzierung:
**3 EL Kokosflocken
Backpapier für die Form**

1. Aus Puddingpulver, Milch und Zucker nach Packungsangaben einen Pudding kochen. Abkühlen lassen. Die Mandarinen in einem Sieb abtropfen lassen, den Saft auffangen. Den Backofen vorheizen. Die Backform mit Backpapier belegen.

2. Für den Teig die Butter mit Zucker und Vanillezucker cremig rühren. Das Ei unterrühren. Mehl und Backpulver mischen und unterrühren. Den Teig in die Form füllen und glatt streichen.

3. Schmand, Quark und Pudding zu einer glatten Creme verrühren. Auf dem Teig verstreichen und die Mandarinen gleichmäßig darauf verteilen. Im Ofen bei 180° (Mitte, Umluft 160°) 1 Std. 15 Min. backen. In der Form auskühlen lassen.

4. Aus 220 ml Mandarinensaft, Zucker und Tortenguss nach Packungsangaben einen Guss kochen. Die Torte damit überziehen. 1 Std. kühl stellen. Vor dem Servieren mit Kokosflocken garnieren.

🕐 Zubereitung: 30 Min.

🕐 Backzeit: 1 Std. 15 Min.

🕐 Kühlzeit: 1 Std.

Pro Stück ca.: 380 kcal

Mohn-Schmand-Torte

Für 1 Springform von 26 cm Ø
(12 Stück)
Für die Füllung:
**500 ml Milch
100 g Grieß
175 g Mohn-Back
6 EL Zucker
100 g kalte Butter in Flöckchen
200 g Schmand
1 EL Öl
3 Tropfen Bittermandelöl**
Für den Knetteig:
**100 g Butter
1 Ei
75 g Zucker, 250 g Mehl
1 1/2 TL Backpulver**
Für den Guss:
**3 Eier, 400 g Schmand
4 EL Zucker
Backpapier für die Form**

1. Milch, Grieß, Mohn-Back, Zucker und Butter in einen Topf geben. Unter Rühren erhitzen, kurz aufkochen lassen und vom Herd nehmen. Schmand, Öl und Bittermandelöl unterrühren.

2. Den Backofen vorheizen. Die Backform mit Backpapier belegen. Butter, Ei und Zucker cremig rühren. Mehl und Backpulver hinzufügen und zu einem glatten Teig verkneten. Mit dem Teig die Form auskleiden, dabei einen 3 cm hohen Rand formen. Die warme Mohnmasse darauf gleichmäßig verstreichen. Im Ofen bei 180° (Mitte, Umluft 160°) 20 Min. backen.

3. Inzwischen die Eier trennen, die Eiweiße steif schlagen. Die Eigelbe mit Schmand und Zucker verrühren. Den Eischnee unterheben. Die Form aus dem Ofen nehmen, die Schmandcreme auf der Torte verteilen. In 30–40 Min. fertig backen. Die Torte in der Form auskühlen lassen.

Deko-Tipp

Die Mohn-Schmand-Torte auf einem rustikalen Holzbrett oder einem farbigen Keramikteller servieren.

🕐 Zubereitung: 20 Min.

🕐 Backzeit: 60 Min.

Pro Stück ca.: 505 kcal

Gefüllte Mandeltorte

Für 1 Springform von 26 cm Ø
(12 Stück)
Für den Rührteig:
200 g weiche Butter
150 g Zucker
6 Eier
375 g Mehl
1 Päckchen Backpulver
250 g Schmand
Für den Mandel-Guss:
200 g Butter
200 g Zucker
4 EL Sahne
250 g gehobelte Mandeln
Für die Füllung:
1 Päckchen Mandel-Puddingpulver
(zum Kochen für 500 ml Milch)
250 ml Milch
2 EL Zucker
60 g Krokant
300 g Sahne
2 Päckchen Sahnesteif
2 Päckchen Vanillezucker
Für die Verzierung:
60 g weiße Kuvertüre
2 EL Puderzucker
Backpapier für die Form

Deko-Tipp

Von der Puddingsahne 2 EL
abnehmen, in einen Spritzbeutel
geben und die Torte mit Sahnetupfern garnieren. Mit Schoko-
figuren oder Konfekt nach Wahl
belegen.

1. Den Backofen vorheizen. Die
Backform mit Backpapier belegen. Butter und Zucker cremig rühren.
Die Eier unterrühren. Mehl und Backpulver mischen und unterrühren. Den
Schmand ebenfalls unterrühren. Den
Teig in die Form füllen und glatt streichen. Im Ofen bei 180° (Mitte, Umluft
160°) 35 Min. backen.

2. Inzwischen in einem Topf die
Butter schmelzen. Zucker und
Sahne hinzufügen und aufkochen las-
sen. Vom Herd nehmen. Die Mandeln
in einer beschichteten Pfanne ohne
Fett hellbraun rösten. In die Butter-
Zucker-Masse rühren.

3. Die Form aus dem Ofen neh-
men, die Mandelcreme auf dem
Teig verteilen. In 15 Min. fertig backen.
Die Torte leicht abgekühlt aus der
Form lösen, das Backpapier abziehen.
Die Torte auf einem Kuchengitter aus-
kühlen lassen.

4. Aus Puddingpulver, Milch und
Zucker nach Packungsangaben
einen Pudding kochen. Den Krokant
unterziehen und den Pudding auskühlen lassen. Die Sahne mit Sahnesteif und Vanillezucker steif schlagen.
Unter den Pudding heben.

5. Den Tortenboden einmal quer
durchschneiden. Den unteren
Boden auf eine Tortenplatte legen und
mit einem Tortenring umschließen.
Die Puddingsahne darauf verteilen,
den oberen Boden auflegen.

6. Die Kuvertüre im Wasserbad
schmelzen lassen. In einen
Gefrierbeutel füllen, eine kleine Spitze
davon abschneiden und die Kuvertüre
in Zickzackmustern auf die Torte
spritzen. Die Torte 1 Std. kalt stellen.
Vor dem Servieren den Tortenring entfernen und die Oberfläche leicht mit
Puderzucker bestäuben.

Variante

Wenn es ganz schnell gehen soll,
können Sie die Creme für die Füllung auch mit 250 g Pudding aus
dem Kühlregal zubereiten. Verwenden Sie ein Markenprodukt
mit möglichst fester Konsistenz.
Zucker oder Milch brauchen Sie
dann natürlich nicht mehr hinzu-
zufügen.
Die Sahne, wie beschrieben, steif
schlagen und unter den gekauften
Pudding heben.

⏱ Zubereitung: 40 Min.   ⏱ Ruhezeit: 1 Std.

⏱ Backzeit: 50 Min.   Pro Stück ca.: 885 kcal

Für 1 Springform von 26 cm Ø
(12 Stück)
Für den Biskuit:
2 Eier
100 g Zucker
1 Päckchen Vanillezucker
50 g Mehl
50 g Speisestärke
1 TL Backpulver
Für die Füllung:
12 Blatt weiße Gelatine
600 g Vanillejoghurt
400 g Sahne
700 g Himbeeren
Für den Guss:
6 EL Himbeersirup
2 EL Zucker
1 Päckchen roter Tortenguss
Für die Verzierung:
200 g weiße Kuvertüre
1 EL Kokosraspel
Backpapier für die Form

Himbeertorte

1. Den Backofen vorheizen. Die Backform mit Backpapier belegen. Die Eier trennen, die Eiweiße steif schlagen. Eigelbe, 2 EL warmes Wasser, Zucker und Vanillezucker schaumig rühren. Mehl, Speisestärke und Backpulver mischen, unterziehen. Den Eischnee unterheben. Den Teig in die Form füllen. Im Ofen bei 180° (Mitte, Umluft 160°) 20 Min. backen. Auskühlen lassen.

2. Gelatine einweichen und nach Packungsangaben auflösen. Mit 3 EL Joghurt verrühren, dann in den restlichen Joghurt rühren. Sahne steif schlagen und unterheben. Den Biskuit mit einem Tortenring umschließen. Die Joghurtcreme darauf verteilen, glatt streichen und kalt stellen.

3. 12 Himbeeren für die Dekoration beiseite stellen. Sirup mit Wasser auf 220 ml auffüllen. Mit Zucker und Tortenguss nach Packungsangaben einen Tortenguss kochen. Die Himbeeren unterheben und den Guss etwas abkühlen lassen. Auf der Torte verteilen. Mindestens 4 Std. kalt stellen.

4. Die Kuvertüre im Wasserbad schmelzen lassen. Auf eine mit Öl gefettete Marmorplatte oder ein Backblech gießen und fest werden lassen. Anschließend mit Hilfe eines kleinen Metallspatels, einer Backpalette oder eines Messers mit breiter Klinge in Röllchen von der Platte schaben. Die Torte mit den Schokoröllchen, Himbeeren und Kokosraspeln verzieren.

○ Zubereitung: 1 Std.

○ Backzeit: 20 Min.

○ Kühlzeit: 4 Std.

Pro Stück ca.: 360 kcal

Für 1 Springform von 26 cm Ø
(12 Stück)
Für den Rührteig:
150 g weiche Butter, 100 g Zucker
1 Päckchen Vanillezucker, 1 Ei
300 g Mehl
2 TL Backpulver
Für die Füllung:
12 Blatt weiße Gelatine
3 Mangos
2 EL Zitronensaft
500 g Vanillejoghurt
3 EL Zucker, 200 g Sahne
Für die Verzierung:
frische Minzblättchen (wer mag)
4 EL Kokosraspel
Backpapier für die Form

Joghurt-Torte

1. Den Backofen vorheizen. Die Backform mit Backpapier belegen. Butter, Zucker und Vanillezucker cremig rühren. Das Ei unterrühren. Mehl und Backpulver mischen, unterrühren. Den Teig in die Form füllen und glatt streichen. Im Ofen bei 160° (Mitte, Umluft 140°) 25 Min. backen. Gut auskühlen lassen.

2. Die Gelatine einweichen. Die Mangos schälen und in schmale Streifen schneiden. 8 Streifen für die Dekoration beiseite stellen. Die restliche Mango mit Zitronensaft, Joghurt und Zucker pürieren. Die Gelatine auflösen, zunächst mit 3 EL Mangopüree verrühren, dann in das restliche Püree rühren. 15 Min. kalt stellen. Die Sahne steif schlagen. Unter die gelierende Mangocreme heben.

3. Den Boden mit einem Tortenring umschließen. Die Mangosahne darauf verstreichen. 3 Std. kalt stellen. Die Torte mit Mangostreifen und Minzblättchen garnieren. Den Rand mit Kokosraspeln bestreuen.

○ Zubereitung: 20 Min.

○ Backzeit: 25 Min.

○ Kühlzeit: 3 Std. 15 Min.

Pro Stück ca.: 390 kcal

Kiwi-Joghurt-Torte

Für 1 Springform von 26 cm Ø
(12 Stück)
Für den Quark-Öl-Teig:
100 g Magerquark
3 EL Milch
4 EL Öl
1 Eigelb
1 Msp. Salz
70 g Puderzucker
1/2 Päckchen Vanillezucker
200 g Mehl
1/2 Päckchen Backpulver
Für die Füllung:
10 Blatt weiße Gelatine
1 Dose Kiwis (425 g Inhalt)
300 g Sahne
300 g Vanillejoghurt
100 g Zucker
2 EL Zitronensaft
Für die Verzierung:
60 g gehackte Pistazien
Backpapier für die Form
Pergamentpapier
**500 g Hülsenfrüchte zum Blind-
backen**

1. Den Backofen vorheizen. Die Backform mit Backpapier belegen. Quark mit Milch, Öl, Eigelb, Salz, Puderzucker und Vanillezucker verrühren. Mehl und Backpulver mischen und mit der Quarkcreme zu einem glatten Teig verkneten. Den Teig in die Form drücken, dabei einen 3 cm hohen Rand formen.

2. Aus Pergamentpapier einen Kreis von ca. 30 cm Durchmesser ausschneiden, auf den Teig legen und die Hülsenfrüchte darauf verteilen. Im Ofen bei 180° (Mitte, Umluft 160°) 20 Min. blindbacken. In der Form auskühlen lassen. Pergamentpapier und Hülsenfrüchte entfernen.

3. Die Gelatine einweichen. Die Kiwischeiben abtropfen lassen und klein würfeln. Die Sahne steif schlagen, kühl stellen. Den Joghurt mit Zucker, Zitronensaft und Kiwiwürfeln verrühren. Die Gelatine nach Packungsangaben auflösen. Zunächst nur mit 6 EL Joghurtcreme verrühren, dann in die restliche Joghurtcreme rühren. Die Sahne unterheben.

4. Die Kiwicreme auf dem Tortenboden glatt verstreichen. Mit einem Tortenkamm wellenförmig verzieren. Mit Pistazien dekorieren. Die Torte 2 Std. kalt stellen.

Tipp

Kiwis enthalten Eiweiß spaltende Enzyme, deswegen lassen sie Sahne oder andere Milchprodukte bitter werden und verhindern auch das Erstarren von Gelatine. Als Alternative zu den Kiwis aus der Dose können Sie frische Kiwi verwenden, wenn Sie diese vor Verwendung 30 Sek. in sprudelnd kochendem Wasser blanchieren. Anschließend mit kaltem Wasser abschrecken. Allerdings geht bei dieser Prozedur meist mehr Aroma verloren als bei den konservierten Früchten.
Kiwis aus der Dose riechen beim Öffnen der Dose etwas merkwürdig, nach der Verarbeitung jedoch nicht mehr.

Tipp

Im Rezept ist die unkomplizierte Zubereitung von Quark-Öl-Teig beschrieben. Der Profi-Tipp: Zunächst die trockenen Zutaten miteinander mischen. Quark, Milch, Ei und Öl hinzufügen und alle Zutaten mit den Schneebesen des Handrührgeräts verrühren, bis sie »zusammenkleben«. Anschließend auf dünn bemehlter Arbeitsfläche mit mehlbestäubten Händen rasch zu einem glatten Teig verkneten.

🕐 Zubereitung: 45 Min.

🕐 Backzeit: 20 Min.

🕐 Kühlzeit: 2 Std.

Pro Stück ca.: 310 kcal

Zuger Kirschtorte

Für 1 Springform von 26 cm Ø
(12 Stück)
Für den Biskuit:
4 Eier
2 Eigelbe
125 g Zucker
90 g Mehl
40 g Speisestärke
70 g weiche Butter
Für die Japonais-Böden:
3 Eier
100 g Zucker
80 g gemahlene Mandeln
20 g Mehl
35 g Puderzucker
1/2 EL Vanillezucker
Für die Füllung:
1/4 Vanilleschote
120 g Zucker
150 g weiche Butter
5 EL Kirschwasser
Zum Tränken:
100 g Zucker
100 ml Kirschwasser
30 g gehobelte Mandeln
50 g Puderzucker
12 Belegkirschen
Backpapier für die Form

Tipp

Die Japonais-Böden können gut in andere mehrstöckige Torten eingearbeitet werden. Besonders fein schmecken sie in Fruchttorten. Für besondere Effekte die Japonais-Böden vor dem Backen mit Speisefarbe (4 Tropfen pro Boden) einfärben.

1. Für den Biskuit die Eier trennen, die Eiweiße steif schlagen und kühl stellen. Eigelbe und Zucker im Wasserbad in mindestens 10 Min. dickschaumig rühren. Die Masse aus dem Wasserbad nehmen und weiterschlagen, bis sie abgekühlt ist. Den Backofen vorheizen. Die Backform mit Backpapier belegen.

2. Mehl und Speisestärke mischen und in die Eimasse rühren. Die Butter unterrühren, den Eischnee unterheben. Den Teig in die Form füllen. Im Ofen bei 190° (Mitte, Umluft 170°) 30–35 Min. backen. Den Boden leicht abgekühlt aus der Form lösen, das Backpapier abziehen und den Boden auf einem Kuchengitter auskühlen lassen.

3. Inzwischen für die Japonais-Böden die Eier trennen. Die Eigelbe für die Füllung beiseite stellen. Eiweiße und Zucker steif schlagen. Mandeln, Mehl, Puderzucker und Vanillezucker mischen und unterheben. Auf einem Stück Backpapier einen Kreis von 26 cm Ø markieren. Eine Hälfte der Eiweißmasse darauf verstreichen. Im vorgeheizten Ofen bei 180° (Mitte, Umluft 160°) in 20–30 Min. backen. Die Backofentür sollte dabei leicht geöffnet sein – am besten einen Holzlöffel dazwischen klemmen. Mit der zweiten Teighälfte genauso verfahren.

4. Für die Füllung die Vanilleschote längs aufschneiden, das Mark mit einem Messer herauskratzen. Vanillemark, Zucker und 4 EL Wasser unter ständigem Rühren zum Kochen bringen und kochen lassen, bis sich der Zucker gelöst hat. Abkühlen lassen.

Anschließend mit den Eigelben schaumig rühren und schließlich die Butter unterrühren. Das Kirschwasser unter die Creme rühren.

5. Zum Tränken des Bodens 2 EL Wasser mit dem Zucker kurz aufkochen. Abkühlen lassen, das Kirschwasser unterrühren.

6. Einen Japonais-Boden auf eine Platte setzen und mit einem Drittel der Creme bestreichen. Den Biskuitboden darauf legen, mit dem Zucker-Kirschwasser tränken und ebenfalls mit einem Drittel der Creme bestreichen. Den zweiten Japonais-Boden auflegen. Den Rand der Torte mit der restlichen Creme bestreichen und mit Mandelblättchen bestreuen.

7. Die Torte 2 Std. kühl stellen. Vor dem Servieren dick mit Puderzucker bestreuen, mit einem Messerrücken ein Rautenmuster eindrücken und jedes Stück mit einer Belegkirsche garnieren.

Variante

Die Oberfläche der Torte mit Puderzucker bestäuben, ein Ausstechförmchen für Plätzchen aufsetzen und den Puderzucker mit einem feuchten Pinsel wieder abtupfen. Dann nach Belieben kleine, farblich passende Zuckerblüten aufsetzen.

⏱ Zubereitung: 1 Std. 20 Min. | ⏱ Kühlzeit: 2 Std.

⏱ Backzeit: 1 Std. 35 Min. | Pro Stück ca.: 520 kcal

Für 1 Springform von 26 cm Ø
(12 Stück)
Für den Rührteig:
100 g weiche Butter
100 g Zucker
2 Eier, 100 g Mehl
1 Msp. Backpulver
100 g gemahlene Mandeln
Für die Füllung:
2 Päckchen gemahlene weiße
Gelatine
500 g Dickmilch
1 Spritzer Zitronensaft
2 Päckchen Vanillezucker
150 g Zucker, 500 g Sahne
Für den Guss:
1 Päckchen klarer Tortenguss
2 EL Zucker
220 ml Apfelsaft, 2 EL Sahne
Backpapier für die Form

Dickmilch-Torte

1. Den Backofen vorheizen. Die Backform mit Backpapier belegen. Butter mit Zucker cremig rühren. Die Eier unterrühren. Mehl, Backpulver und Mandeln mischen, unterziehen. Den Teig in die Form füllen. Im Ofen bei 180° (Mitte, Umluft 160°) 20–25 Min. backen. Gut auskühlen lassen.

2. Gelatine einweichen. Dickmilch, Zitronensaft, Vanillezucker und Zucker verrühren. Sahne steif schlagen und unterheben. Die Gelatine nach Packungsangaben auflösen, zunächst nur mit 3 EL Creme verrühren, dann in die restliche Creme rühren.

3. Den Boden mit einem Tortenring umschließen. Die Dickmilchsahne darauf verteilen und glatt streichen.

4. Aus Tortenguss, Zucker und Apfelsaft nach Packungsangaben einen Tortenguss kochen. Etwas abkühlen lassen. 4 EL Guss mit der Sahne verrühren. Den restlichen Guss gleichmäßig auf der Torte verteilen. Um der Oberfläche ein Marmormuster zu verleihen, den Sahneguss in Klecksen darauf verteilen und mit einer Gabel in kreisenden Bewegungen verziehen. Die Torte 2 Std. kühl stellen.

🕐 Zubereitung: 50 Min.
🕐 Backzeit: 25 Min.
🕐 Kühlzeit: 2 Std.
Pro Stück ca.: 425 kcal

Für 1 Springform von 26 cm Ø
(12 Stück)
Für den Rührteig:
250 g weiche Butter
250 g Zucker
2 Eier, 250 g Mehl
3 TL Backpulver, 50 g Kakao
125 g saure Sahne
Für die Füllung:
500 g Quark (20% Fett)
125 g Butter, 200 g Zucker
2 Eier
1 Päckchen Vanillezucker
1 Päckchen Vanille-Puddingpulver
(zum Kochen für 500 ml Milch)
2 EL Zitronensaft
Für die Verzierung:
6 EL Puderzucker
1 EL Rosinen
2 EL Mandelsplitter
Backpapier für die Form

Dunkle Quarktorte

1. Den Backofen vorheizen. Die Backform mit Backpapier belegen. Butter mit Zucker cremig rühren, die Eier unterrühren. Mehl, Backpulver und Kakao mischen, unterrühren. Die Hälfte des Teigs in die Form füllen und glatt streichen.

2. Quark, Butter, Zucker und Eier verrühren. Vanillezucker, Puddingpulver und Zitronensaft unterrühren. Die Quarkcreme auf den Teig in der Form geben und gleichmäßig verstreichen.

3. Die saure Sahne unter den restlichen Teig rühren und diesen auf der Quarkmasse verteilen.

4. Die Quarktorte im Ofen bei 180° (Mitte, Umluft 160°) 1 Std. backen. Abgekühlt aus der Form lösen und auf einem Kuchengitter gut auskühlen lassen. Vor dem Servieren dick mit Puderzucker bestäuben und mit Rosinen und Mandelsplittern bestreuen.

🕐 Zubereitung: 35 Min.
🕐 Backzeit: 1 Std.
Pro Stück ca.: 600 kcal

Für 1 Springform von 26 cm Ø
(12 Stück)
Für den Mürbeteig:
500 g Mehl, 250 g Zucker
1 Päckchen Vanillezucker
250 g kalte Butter in Flöckchen
2 Eier, 1 Prise Salz
1 Päckchen Citro-Back
1 gestr. TL Backpulver
Für das Mandelbaiser:
1 Eiweiß, 1 EL Zucker
45 g gemahlene Mandeln
Für die Füllung:
4 Blatt weiße Gelatine
400 g saure Sahne
100 g Zucker
2 Päckchen Vanillezucker
1 Päckchen Citro-Back
2 EL Zitronensaft
200 g Sahne
1 Päckchen Sahnesteif
Für die Verzierung:
2 EL Puderzucker
Backpapier für die Form

Saure-Sahne-Torte

1. Den Backofen vorheizen. Die Backform mit Backpapier belegen. Alle Zutaten für den Teig zu einem glatten Mürbeteig verkneten. In 4 Portionen teilen, in Frischhaltefolie wickeln und 20 Min. kühl stellen.

2. 1 Portion Teig ausrollen, in die Form legen. Für das Baiser das Eiweiß steif schlagen, Zucker einrieseln lassen. Die Mandeln unterheben. Baiser auf dem Mürbeteig verteilen. Im Ofen bei 180° (Mitte, Umluft 160°) 10 Min. backen. Die restlichen 3 Portionen ebenso, allerdings ohne Baiserschicht, backen. Alle Böden gut auskühlen lassen.

3. Die Gelatine einweichen. Saure Sahne, Zucker, Vanillezucker, Citro-Back und Zitronensaft verrühren. Die Gelatine nach Packungsangaben auflösen, zunächst nur mit 2 EL Sahnecreme verrühren, dann in die restliche Creme rühren. 10 Min. kühl stellen. Die Sahne steif schlagen, unter die gelierende Creme ziehen.

4. Die 3 Böden ohne Baiser hauchdünn mit Sahnesteif bestreuen. Abwechselnd mit jeweils einem Drittel der Sahne übereinander schichten. Den Mandelbaiser-Boden auf die obere Sahneschicht legen. Die Torte 2 Std. kalt stellen. Vor dem Servieren leicht mit Puderzucker bestäuben.

⏱ Zubereitung: 40 Min.	⏱ Kühlzeit: 2 Std. 10 Min.
⏱ Backzeit: 40 Min.	Pro Stück ca.: 565 kcal

Für 1 Springform von 26 cm Ø
(12 Stück)
Für den Biskuit:
4 Eier
175 g Zucker
1 Päckchen Vanillezucker
100 g Mehl
1 TL Backpulver
100 g Speisestärke
Für die Füllung:
200 g gemischte kandierte Früchte
2 Eigelbe
125 g Butter, 120 g Zucker
1/2 Fläschchen Rumaroma
375 g Sahne
2 Päckchen Sahnesteif
120 g gemahlene Mandeln
Backpapier für die Form

Innsbrucker Torte

1. Den Backofen vorheizen. Die Backform mit Backpapier belegen. Die Eier trennen, die Eiweiße steif schlagen. Eigelbe, Zucker und Vanillezucker schaumig rühren. Mehl, Backpulver und Speisestärke mischen, unterziehen. Den Eischnee unterheben. Den Teig in die Form füllen. Im Ofen bei 175° (Mitte, Umluft 160°) 30 Min. backen. Gut auskühlen lassen.

2. Die kandierten Früchte klein würfeln. Eigelbe, Butter, Zucker und Rumaroma cremig rühren. Die Sahne mit Sahnesteif steif schlagen. Mit den Mandeln und 120 g der Früchte unter die Eimasse heben.

3. Den Biskuit zweimal quer durchschneiden. Den unteren Boden mit einem Drittel der Creme bestreichen. Den zweiten Boden auflegen, mit einem Drittel der Füllung bestreichen, den dritten Boden auflegen.

4. Die Torte rundum mit der restlichen Creme bestreichen. Mit den restlichen Früchten garnieren. 2 Std. kühl stellen.

⏱ Zubereitung: 1 Std. 20 Min.	⏱ Kühlzeit: 2 Std.
⏱ Backzeit: 30 Min.	Pro Stück ca.: 485 kcal

Weihnachtliche Zimttorte

Für 1 Springform von 26 cm Ø
(16 Stück)
Für den Rührteig:
50 g Zartbitter-Kuvertüre
125 ml heißer, frisch gebrühter
Kaffee
50 g gehackte Mandeln
300 g brauner Zucker
200 g Butter
1 EL Zimt
3 Eier
300 g Mehl
2 TL Backpulver
Für die Füllung:
100 g Apfelgelee
75 g Butter
3 TL Milch
1 gehäufter EL Kakaopulver
1 gehäufter EL Zimt + Zimt zum
Bestäuben
250 g Puderzucker
400 g Sahne
2 Päckchen Sahnesteif
2 Päckchen Vanillezucker
60 g Schokoplättchen
Backpapier für die Form

1. Die Kuvertüre im heißen Kaffee schmelzen und abkühlen lassen. Die Mandeln in einer beschichteten Pfanne ohne Fett rösten. Den Backofen vorheizen. Die Backform mit Backpapier belegen.

2. Den Zucker mit Butter und Zimt cremig rühren. Die Eier unterrühren. Das Mehl mit Backpulver und dem Schoko-Kaffee unterrühren. Die Mandeln untermischen. Den Teig in die Form füllen und glatt streichen. Im Ofen bei 180° (Mitte, Umluft 160°) 60–70 Min. backen. Leicht abgekühlt aus der Form stürzen, das Backpapier abziehen. Den Kuchen auf einem Kuchengitter auskühlen lassen. Einmal quer durchschneiden.

3. Das Apfelgelee leicht erwärmen. Den unteren Boden mit der Hälfte des Gelees bestreichen. Die Butter schmelzen. Mit Milch, Kakao, Zimt und Puderzucker verrühren. Die Hälfte dieser Creme auf dem Apfelgelee verstreichen. Mit der anderen Hälfte die Innenseite des oberen Bodens bestreichen. Beide Böden 10 Min. ruhen lassen.

4. Die Sahne mit Sahnesteif und Vanillezucker steif schlagen. Ein Drittel der Sahne auf dem unteren Boden verteilen. Den oberen Boden auflegen und die Tortenoberfläche mit dem restlichen Apfelgelee bestreichen.

5. Die Torte rundum mit der restlichen Sahne bestreichen. Gleichmäßig mit Schokoplättchen bestreuen und hauchdünn mit Zimt bestäuben.

Tipp

Um einen Tortenboden zu teilen, können Sie ihn mit einem großen scharfen Messer waagerecht durchschneiden.
Einfacher und gleichmäßiger wird es, wenn Sie einen Zwirn zu Hilfe nehmen: den Boden mit einem Messer rundum auf gleicher Höhe einritzen. Den Zwirn rund um den Einschnitt legen, die Enden über Kreuz fest zusammenziehen.

Deko-Tipp

Garnieren Sie die Torte für die festliche, weihnachtliche Kaffeerunde mit Zimtsternen oder Sternen aus Schokolade. Auch sehr schön: Kleine Miniäpfel aus dem Glas, 4-5 Stangen Borkenschokolade und Walnusshälften. Dazu schmeckt ein Kaffee mit Schuss und Sahnehäubchen oder eine Tasse heiße Schokolade!

Zubereitung: 35 Min.

Backzeit: 1 Std. 10 Min.

Ruhezeit: 10 Min.

Pro Stück ca.: 500 kcal

Fruchtige Genüsse

Verlockende Früchtchen

Frisch und fruchtig kommt immer gut an. Vereinigt mit lockerem Teig, cremiger Sahne oder unter zarter Baiserhaube machen saftige Früchte selbst Nicht-Tortenesser schwach. Ob mit erntefrischen oder tiefgekühlten Früchten – Obsttorten haben das ganze Jahr Saison.

Querbeet durch den Obstgarten – hier kommen die neuen Tortenideen mit Äpfeln, Birnen, Bananen, Beeren, Rhabarber, Kirschen, Pfirsichen und vielen anderen Früchten.

Obsttortenboden

Für 1 Springform von 26 cm Ø (12 Stück)
Für den Rührteig:
125 g weiche Butter, 100 g Zucker
2 Eier, 250 g Mehl
1 Prise Salz, 1 TL Backpulver
Schale 1 unbehandelten Zitrone
Backpapier für die Form

1. Den Backofen vorheizen. Die Backform mit Backpapier belegen. Butter und Zucker cremig rühren. Die Eier unterrühren. Mehl, Salz, Backpulver und Zitronenschale mischen und unterrühren. Den Teig in die Form füllen, glatt streichen.

2. Im Ofen bei 200° (Mitte, Umluft 180°) 20 Min. backen. Leicht abgekühlt aus der Form lösen, das Backpapier abziehen. Den Kuchen auf einem Kuchengitter auskühlen lassen. Nach Geschmack mit Sahne, Obst, Pudding oder Creme füllen.

Erdbeer-Schoko-Torte

Für 1 Springform von 26 cm Ø (12 Stück)
1 vorbereiteter Obsttortenboden (siehe Grundrezept)
100 g Zartbitter-Schokolade
2 EL Sahne, 1 kg Erdbeeren
6 EL Erdbeerkonfitüre
2 EL Himbeergeist (wer mag)
Für den Belag:
400 g Sahne, 2 Päckchen Sahnesteif
2 Päckchen Vanillezucker
2 EL gehackte Pistazien

1. Die Schokolade im Wasserbad schmelzen lassen. Die Sahne unterrühren. Den Obstboden damit bestreichen, kalt stellen.

2. Die Erdbeeren waschen, putzen und trockentupfen. Auf den Tortenboden setzen. Die Konfitüre mit Himbeergeist – wer mag – verrühren und kurz erhitzen. Die Erdbeeren damit überziehen. Sahne mit Sahnesteif und Vanillezucker steif schlagen. Kleine Sahnetupfer zwischen die Erdbeeren spritzen. Mit Pistazien bestreuen.

🕐 Zubereitung: 20 Min.

🕐 Backzeit: 20 Min.　　　Pro Stück ca.: 180 kcal

🕐 Zubereitung: 35 Min.

Pro Stück ca.: 405 kcal

Torteletts

Für 10 Torteletts
Für den Rührteig:
3 Eier
50 g weiche Butter
125 g Zucker
75 g Mehl, 50 g Speisestärke
1 Prise Salz, 1 TL Backpulver
Fett und Semmelbrösel für die Förmchen

1. Den Backofen vorheizen. Die Förmchen fetten und mit Semmelbröseln ausstreuen. Die Eier trennen, Eiweiße steif schlagen. Butter und Zucker cremig rühren. Die Eigelbe unterrühren. Mehl, Stärke, Salz und Backpulver mischen, unterrühren. Den Eischnee unterheben.

2. Den Teig in die Förmchen füllen. Im Ofen bei 200° (Mitte, Umluft 180°) 12–15 Min. backen. Etwas abgekühlt aus der Form lösen. Nach Geschmack mit Sahne, Pudding oder Obst belegen.

Z. B. Lieblingspudding kochen und zum Erkalten in kleine Tassen oder ausgewaschene Joghurtbecher (ø der Torteletts beachten) füllen. Die erstarrten Minipuddings jeweils auf 1 Tortelett stürzen. Mit Sahnetupfern, Schoko- oder Fruchtsaucen, mit frischen Blüten und Blättern garnieren!

⏱ Zubereitung: 30 Min.

⏱ Backzeit: 15 Min.   Pro Stück ca.: 155 kcal

Torteletts mit Sahne-Früchte-Füllung

Für 10 Torteletts
10 vorbereitete Torteletts (siehe Grundrezept)
Für die Füllung:
800 g Früchte der Saison
2 EL Zucker
1 Päckchen klarer Tortenguss
200 g Sahne
1 Päckchen Bourbon-Vanillezucker
1 EL Puderzucker, 2 EL gehackte Mandeln

1. Die Früchte waschen, putzen und je nach Sorte eventuell in Stücke oder in Scheiben schneiden. Die Torteletts damit belegen. Aus 250 ml Wasser, Zucker und Tortenguss nach Packungsangaben einen Tortenguss kochen. Die Früchte dünn damit überziehen.

2. Die Sahne mit Vanille- und Puderzucker steif schlagen. In einen Spritzbeutel geben und die Törtchen dekorativ damit garnieren. Mit den Mandeln bestreuen.

⏱ Zubereitung: 30 Min.

    Pro Stück ca.: 275 kcal

Für 1 Springform von 26 cm Ø
(12 Stück)
**1 vorbereiteter Obsttortenboden
(siehe Grundrezept S. 60)**
Für die Füllung:
**1 Päckchen Puddingpulver Zitrone
(ersatzweise Vanille, zum Kochen
für 500 ml Milch)**
500 ml Milch, 2 EL Zucker
**1 große Dose Ananas im eigenen
Saft (820 g Inhalt)**
8 Blatt Gelatine
600 g Vanille-Joghurt
2 EL Zucker, 2 EL Zitronensaft
600 g Sahne
3 Päckchen Vanillezucker
Für den Guss:
**1 Päckchen Götterspeise Zitrone
(für 500 ml Flüssigkeit)**
**2 kleine Dosen Fruchtcocktail
(à 227 g Inhalt)**
100 g gehobelte Mandeln

Hawaii-Torte

1. Den Pudding mit Milch und Zucker nach Packungsangaben zubereiten, auskühlen lassen. Die Ananas in einem Sieb abtropfen lassen, den Saft auffangen.

2. Den Tortenboden mit einem Tortenring umschließen. Die Ananasringe halbieren und am Rand der Form rundherum hochkant stellen. Die restliche Ananas in Stücke schneiden.

3. Die Gelatine 5 Min. einweichen. Joghurt, Zucker und Zitronensaft verrühren und unter den Pudding rühren. Die Gelatine nach Packungsangaben auflösen, zunächst nur mit

3 EL Puddingcreme verrühren, dann in die restliche Creme rühren. Die Sahne mit Vanillezucker steif schlagen und ebenfalls unterheben. Gleichmäßig auf dem Obstboden verstreichen. 2 Std. kalt stellen.

4. Die Götterspeise mit nur 250 ml Ananassaft nach Packungsangaben zubereiten. Kalt stellen. Den Fruchtcocktail in einem Sieb abtropfen lassen. Mit den Ananasstücken mischen und auf der Torte verteilen. Wenn die Götterspeise zu gelieren beginnt, auf den Früchten verteilen. 2 Std. kalt stellen. Vor dem Servieren den Tortenring entfernen und die Torte mit Mandelblättchen garnieren.

⏱ Zubereitung: 1 Std. 30 Min.

⏱ Backzeit: 20 Min.

⏱ Kühlzeit: 4 Std.

Pro Stück ca.: 440 kcal

Für 1 Springform von 26 cm Ø
(12 Stück)
Für den Biskuit:
3 Eier, 100 g Zucker
1 Päckchen Vanillezucker
75 g Mehl, 1 TL Backpulver
Für die Füllung:
**1 kg säuerliche Äpfel (z.B.
Boskoop)**
3 EL Zitronensaft
125 g Zucker
**1 Päckchen Vanille-Puddingpulver
(zum Kochen für 500 ml Milch)**
150 g Butter
4 Blatt Gelatine
Für den Belag:
400 g Sahne
2 Päckchen Sahnesteif
2 Päckchen Vanillezucker
4 EL Schokoraspel
Backpapier für die Form

Schwedische Apfeltorte

1. Den Backofen vorheizen. Die Backform mit Backpapier belegen. Die Eier mit Zucker und Vanillezucker schaumig rühren. Mehl mit Backpulver mischen, unterrühren. Den Teig in die Form füllen. Im Ofen bei 200° (Mitte, Umluft 180°) 25 Min. backen. Auskühlen lassen.

2. Die Äpfel schälen, grob raspeln und sofort mit Zitronensaft und Zucker verrühren. Das Puddingpulver mit 125 ml Wasser in einem Topf verrühren. Äpfel und Butter dazugeben, kurz aufkochen und etwas abkühlen lassen. Die Gelatine 5 Min. einweichen,

ausdrücken und unter die warme Pudding-Apfel-Masse rühren. Gut abkühlen lassen.

3. Sobald die Pudding-Apfel-Masse zu gelieren beginnt, gleichmäßig auf dem Tortenboden verstreichen. 2 Std. kalt stellen.

4. Die Sahne mit Sahnesteif und Vanillezucker steif schlagen. Auf der Apfelmasse verstreichen. Mit Schokoraspeln bestreuen.

⏱ Zubereitung: 50 Min.

⏱ Backzeit: 25 Min.

⏱ Kühlzeit: 2 Std.

Pro Stück ca.: 385 kcal

Für 1 Springform von 26 cm Ø
(12 Stück)
Für den Biskuit:
4 Eier
120 g Zucker
1 Päckchen Vanillezucker
160 g Mehl
1 TL Backpulver
Für die Füllung:
500 g Erdbeeren
8 Blatt rote Gelatine
2 Eigelbe
100 g Zucker
800 g Sahne
Für die Verzierung:
200 g Sahne
1 Päckchen Sahnesteif
1 Päckchen Vanillezucker
100 g halbierte geschälte Haselnüsse
Backpapier für die Form

Tipp

Für Tortenfüllungen, die mit rohen Eiern zubereitet werden, sollten immer besonders frische Eier verwendet werden!

Erdbeer-Sahne-Torte

1. Den Backofen vorheizen. Die Backform mit Backpapier belegen. Die Eier trennen, die Eiweiße steif schlagen. Eigelbe, 4 EL warmes Wasser, Zucker und Vanillezucker schaumig rühren. Das Mehl mit Backpulver mischen, unterrühren. Den Eischnee unterziehen. Den Teig in die Form füllen. Im Ofen bei 180° (Mitte, Umluft 160°) 30 Min. backen. In der Form auskühlen lassen.

2. Die Erdbeeren waschen und putzen. 3 kleine Erdbeeren zugedeckt beiseite stellen. Die restlichen Erdbeeren mit dem Pürierstab pürieren. Die Gelatine 5 Min. einweichen. Nach Packungsangaben auflösen, zunächst nur mit 3 EL Erdbeerpüree verrühren, dann in das restliche Püree rühren.

3. Die Eigelbe mit Zucker und 2 EL Wasser aufschlagen. Mit dem Erdbeerpüree mischen. Die Sahne steif schlagen und unterheben. Den Biskuit aus der Form lösen, die Erdbeersahne darauf verteilen. 2 Std. kalt stellen.

4. Die Sahne mit Sahnesteif und Vanillezucker steif schlagen. In einen Spritzbeutel füllen und die Torte mit 12 Sahnetupfern garnieren. Die 3 Erdbeeren vierteln und jeden Sahnetupfer mit einem Erdbeerviertel verzieren. Den Rand der Torte mit den Haselnüssen bestreuen.

Variante

Bereiten Sie die Torte statt mit Erdbeeren mit frischen Heidelbeeren zu – schmeckt fantastisch!

Deko-Tipp

Schneiden Sie aus grünem Tonpapier ein übergroßes Erdbeerblatt aus und servieren Sie die Torte auf einer Tortenpappe darauf.

🕐 Zubereitung: 1 Std. 10 Min.
🕐 Backzeit: 30 Min.

🕐 Kühlzeit: 2 Std.
Pro Stück ca.: 500 kcal

Für 1 Springform von 26 cm Ø
(12 Stück)
Für den Biskuit:
4 Eier, 125 g Zucker
75 g Mehl, 50 g Speisestärke
Für den 1. Belag:
150 g Aprikosenkonfitüre
1 kg Bananen
4 EL Zitronensaft
Für den Guss:
2 Päckchen klarer Tortenguss
4 EL Zitronensaft
4 EL Zucker
Für den 2. Belag:
400 g Sahne
2 Päckchen Sahnesteif
2 Päckchen Vanillezucker
1 unbehandelte Zitrone
Backpapier für die Form

Bananen-Zitrus-Torte

1. Den Backofen vorheizen. Die Backform mit Backpapier belegen. Die Eier trennen, die Eiweiße steif schlagen. Eigelbe mit Zucker schaumig rühren. Mehl und Speisestärke mischen und unterheben. Den Eischnee unterziehen. Den Teig in die Form füllen. Im Ofen bei 180° (Mitte, Umluft 160°) 30 Min. backen. Leicht abgekühlt aus der Form lösen, das Backpapier abziehen. Den Biskuit auskühlen lassen.

2. Den Biskuit mit der Aprikosenkonfitüre bestreichen und mit einem Tortenring umschließen. Die Bananen schälen, längs halbieren, mit dem Zitronensaft rundum beträufeln. Die Torte damit belegen.

3. Aus Tortenguss, Zitronensaft, Zucker und 400 ml Wasser nach Packungsangaben einen Tortenguss kochen. Die Bananen gleichmäßig damit überziehen. Abkühlen lassen.

4. Die Sahne mit Sahnesteif und Vanillezucker steif schlagen. Auf der Torte verteilen, dabei mit einem Löffel leichte Wellen in die Oberfläche drücken. Die Zitronenschale mit einem Sparschäler dünn abschälen, in sehr schmale Streifen schneiden und kurz in kochendem Wasser blanchieren. Abtropfen lassen und die Torte damit garnieren. 30 Min. kalt stellen.

🕐 Zubereitung: 55 Min.

🕐 Backzeit: 30 Min.

🕐 Kühlzeit: 30 Min.

Pro Stück ca.: 300 kcal

Für 1 Springform von 26 cm Ø
(12 Stück)
Für den Streuselteig:
150 g Butter, 150 g Zucker
300 g Mehl, 1 TL Backpulver
1 Eigelb
Für den Apfelbelag:
10 kleine, säuerliche Äpfel
(z.B. Boskoop oder Cox Orange)
2 EL Rum (ersatzweise Saft)
3 EL Sultaninen
3 EL Mandelstifte
Für den Quarkbelag:
2 Eier, 60 g Butter
100 g Zucker
6 EL Zitronensaft
375 g Magerquark
2 EL Weichweizen-Grieß
Puderzucker zum Bestäuben
Backpapier für die Form

Bratapfel-Torte

1. Die Backform mit Backpapier belegen. Die Butter zerlassen. Mit Zucker, Mehl, Backpulver und dem Eigelb zu einem Streuselteig verkneten.

2. Die Äpfel waschen und das Kerngehäuse entfernen. Rum, Sultaninen und Mandelstifte vermengen und die Äpfel damit füllen. Den Backofen vorheizen.

3. Die Eier trennen, die Eiweiße steif schlagen. Eigelbe, Butter und Zucker cremig rühren. Zitronensaft, Magerquark und Grieß unterrühren. Den Eischnee locker unter die Quarkmasse heben.

4. Zwei Drittel des Streuselteigs in die Form drücken, die Äpfel am äußeren Rand rundherum aufsetzen. Die Quarkmasse einfüllen. Den übrigen Teig als Streusel darauf verteilen. Im Ofen bei 175° (Mitte, Umluft 150°) 75–80 Min. backen. In der Form auskühlen lassen. Vor dem Servieren mit Puderzucker bestäuben.

🕐 Zubereitung: 1 Std.

🕐 Backzeit: 1 Std. 20 Min.

Pro Stück ca.: 425 kcal

Für 1 Springform von 26 cm Ø
(12 Stück)
Für den Knetteig:
75 g Butter
40 g Zucker
150 g Mehl
20 g Kokosraspel
Für die Füllung:
2 Eier
65 g Zucker
100 g Speisestärke
Zum Bestreichen:
3 EL Erdbeerkonfitüre
Für den Belag:
750 g Rhabarber
2 EL Zitronensaft
200 g Zucker
8 Blatt Gelatine
400 g Sahne
Für die Verzierung:
200 g Sahne
1 Päckchen Sahnesteif
1 Päckchen Vanillezucker
100 g gehackte Walnüsse
Backpapier für die Form

Rhabarbertraum

1. Den Backofen vorheizen. Die Backform mit Backpapier belegen. Butter mit Zucker cremig rühren. Mit Mehl und Koksraspeln zu einem Teig verkneten. Den Teig in die Form drücken. Im Ofen bei 200° (Mitte, Umluft 175°) 10 Min. backen.

2. Inzwischen Eier, Zucker und 2 EL warmes Wasser schaumig schlagen. Die Speisestärke unterrühren. Die Form aus dem Ofen nehmen, den Mürbeteig mit der Erdbeerkonfitüre bestreichen. Die Eicreme darauf verstreichen. In 12–15 Min. fertig backen. In der Form auskühlen lassen.

3. Den Rhabarber waschen, schälen und in kleine Stücke schneiden. Mit Zitronensaft und Zucker in 5–10 Min. unter Rühren weich köcheln lassen. Die Gelatine 5 Min. einweichen. Ausdrücken, im heißen Rhabarbermus auflösen, gut verrühren. Erkalten lassen.

4. Die Sahne steif schlagen. Sobald die Rhabarbermasse zu gelieren beginnt, die Sahne unterheben. Den Kuchen aus der Form lösen und mit einem Tortenring umschließen. Die Rhabarbermasse einfüllen und glatt verstreichen. 2 Std. kalt stellen.

5. Die Sahne mit Sahnesteif und Vanillezucker steif schlagen. In einen Spritzbeutel füllen und die Torte mit 12 dicken Sahnetupfern und den gehackten Walnüssen garnieren.

Deko-Tipp

Servieren Sie die Torte auf einem großen dekorativen Rhabarberblatt. Dieses nach dem Waschen gut trockentupfen, damit der Boden der Torte nicht durchweicht. Die Torte auf einer Tortenpappe füllen und garnieren. Mit der Tortenpappe vor dem Servieren auf das Blatt setzen.

Tipp

Wenn Gelatine zum Binden warmer Cremes oder Flüssigkeiten verwendet wird, kann sie direkt darin aufgelöst werden: die Blattgelatine in kaltem Wasser etwa 5 Min. einweichen, ausdrücken und direkt in die warme Flüssigkeit oder Masse einrühren. Gut verrühren! Zum Gelieren kalt stellen.

Variante

Außerhalb der Rhabarberzeit können Sie auch Rhabarbermus mit Fruchtstücken aus dem Glas verwenden. Die Zugabe von Zucker ist dann nicht nötig!

🕐 Zubereitung: 1 Std. 15 Min.

🕐 Backzeit: 25 Min.

🕐 Kühlzeit: 2 Std.

Pro Stück ca.: 420 kcal

Für 1 Springform von 26 cm Ø
(12 Stück)
Für den Puddingteig:
**2 Päckchen Vanille-Puddingpulver
(zum Kochen für 500 ml Milch)
1 TL Backpulver
75 g Zucker, 2 Eier
50 ml Öl**
Für die Füllung:
**1 große Dose Pfirsiche
(825 g Inhalt)
400 g Sahne
2 Päckchen Sahnesteif
2 Päckchen Vanillezucker**
Für den Belag:
**2 Päckchen Schlemmercreme
Vanille (ohne Kochen)
Backpapier für die Form**

Capri-Torte

1. Den Backofen vorheizen. Die Backform mit Backpapier belegen. Puddingpulver mit Backpulver, Zucker und Eiern verrühren. Das Öl unterrühren. Den Teig in die Form füllen. Im Ofen bei 180° (Mitte, Umluft 160°) 15 Min. backen. Aus der Form lösen, auskühlen lassen.

2. Pfirsiche in einem Sieb abtropfen lassen, den Saft auffangen. 2 Pfirsichhälften für die Dekoration beiseite stellen. Die restlichen Pfirsiche in Spalten schneiden. Sahne mit Sahnesteif und Vanillezucker steif schlagen. Den Tortenboden mit einem Tortenring umschließen.

3. Boden mit Pfirsichspalten belegen, dabei innen einen Kreis von ca. 12 cm Ø frei lassen und diesen mit Sahne füllen. Obst und Sahne sollten eine Ebene bilden. Nun den Sahnekreis mit Pfirsichspalten belegen, den äußeren Fruchtring mit einer Schicht Sahne bestreichen. Die restliche Sahne in eine Tortenspritze füllen, kalt stellen. Die Torte ebenfalls kalt stellen.

4. Schlemmercreme nach Packungsangaben mit 500 ml Pfirsichsaft zubereiten. Auf der Torte glatt verstreichen und 2 Std. kühl stellen. Mit 12 Sahnetupfern und je 1 Pfirsichstück garnieren.

🕐 Zubereitung: 40 Min.
🕐 Backzeit: 15 Min.
🕐 Kühlzeit: 2 Std.
Pro Stück ca.: 365 kcal

Für 1 Springform von 26 cm Ø
(12 Stück)
Für den Biskuit:
**3 Eier
100 g Zucker
100 g Mehl**
Für den Belag:
**2 große Dosen Birnen
(à 825 g Inhalt)
1 Tafel Zartbitter-Schokolade
1 Päckchen klarer Tortenguss
400 g Sahne
2 Päckchen Sahnesteif
2 Päckchen Vanillezucker**
Für die Verzierung:
**2 EL zartbittere Schokostreusel
8 EL Eierlikör (wer mag)
Backpapier für die Form**

Torte Birne Helene

1. Den Backofen vorheizen. Die Backform mit Backpapier belegen. Die Eier trennen, die Eiweiße steif schlagen. Eigelbe, 3 EL warmes Wasser und Zucker schaumig schlagen. Das Mehl unterheben. Den Eischnee unterziehen. Den Teig in die Form füllen. Im Ofen bei 180° (Mitte, Umluft 160°) 25 Min. backen. Leicht abgekühlt aus der Form lösen, gut auskühlen lassen.

2. Die Birnen in einem Sieb abtropfen lassen, den Saft dabei auffangen. 2 Birnenhälften für die Dekoration beiseite stellen. Den Biskuit mit einem Tortenring umschließen und mit den restlichen Birnen belegen.

3. Die Schokolade in 220 ml Birnensaft erwärmen, bis sie geschmolzen ist. Tortenguss mit 3 EL Birnensaft verrühren, zur Schokomischung geben, kurz aufkochen lassen. Gleichmäßig auf den Birnen verteilen. Die Torte 20 Min. kalt stellen.

4. Sahne mit Sahnesteif und Vanillezucker steif schlagen. Die Torte rundum mit zwei Drittel der Sahne bestreichen. Mit der restlichen Sahne die Torte dekorativ garnieren. Mit Schokostreuseln, Birnenfächern und Eierlikör in Klecksen – wer mag – verzieren.

🕐 Zubereitung: 25 Min.
🕐 Backzeit: 25 Min.
🕐 Kühlzeit: 20 Min.
Pro Stück ca.: 340 kcal

Professor-Brinkmann-Torte

Für 1 Springform von 26 cm Ø
(12 Stück)
Für den Biskuit:
4 Eier
1 Prise Salz
120 g Zucker
1 Päckchen Vanillezucker
80 g Mehl
50 g Speisestärke
Für die Füllung:
2 Gläser Sauerkirschen
(à 700 g Inhalt)
8 Blatt Gelatine
500 g Sahne
300 g Magerquark
5 EL Puderzucker
Saft und Schale von
1 unbehandelten Zitrone
Für den Guss:
1/2 Päckchen roter Tortenguss
100 ml Kirschsaft
1 EL Zucker
Für die Verzierung:
50 g gehackte Mandeln
Backpapier für die Form

1. Den Backofen vorheizen. Die Backform mit Backpapier belegen. Eier trennen, die Eiweiße steif schlagen. Eigelbe, Salz, Zucker, und Vanillezucker schaumig rühren. Mehl mit Speisestärke mischen und unterziehen. Den Eischnee unterheben. Den Teig in die Form füllen. Im Backofen bei 175° (Mitte, Umluft 160°) 20–25 Min. backen. Leicht abgekühlt aus der Form lösen, das Backpapier abziehen. Den Biskuit auf einem Kuchengitter gut auskühlen lassen.

2. Die Kirschen in einem Sieb abtropfen lassen, den Saft auffangen. 16 schöne Kirschen beiseite stellen. Die Gelatine einweichen. Die Sahne steif schlagen. Quark, Puderzucker, Zitronenschale und -saft verrühren. Die Gelatine nach Packungsangaben auflösen. Zunächst mit nur 3 EL Quarkcreme verrühren, dann in die restliche Creme rühren. Die Sahne unterheben. Ein Drittel der Quarkcreme abnehmen und kalt stellen. Die Kirschen unter die übrige Creme heben.

3. Den Biskuit zweimal quer durchschneiden. Den unteren Boden mit einem Tortenring umschließen. Mit der Hälfte der Kirschcreme bestreichen. Den zweiten Boden auflegen, die restliche Kirschcreme darauf verstreichen. Den dritten Boden auflegen. Die Torte 30 Min. kalt stellen.

4. Den Tortenring entfernen und die Torte rundum mit der hellen Quarkcreme bestreichen. Mit einem Tortenkamm wellenförmige Muster in die Oberfläche ziehen.

5. Aus Tortenguss, Saft und Zucker nach Packungsangaben einen Tortenguss zubereiten. Etwas abkühlen lassen. In kleinen Klecksen oder Streifen über die Oberfläche und den Rand der Torte laufen lassen.

6. Die Tortenoberfläche mit den restlichen Kirschen garnieren. Die Mandeln in einer beschichteten Pfanne ohne Fett leicht rösten. Den Tortenrand mit den gerösteten Mandeln garnieren.

Deko-Tipp

Verwenden Sie während der Kirschsaison frische Kirschen mit Stiel, um die Torte noch attraktiver zu garnieren.

⏱ Zubereitung: 1 Std. 5 Min.	⏱ Kühlzeit: 30 Min.
⏱ Backzeit: 25 Min.	Pro Stück ca.: 370 kcal

Brombeer-Schichttorte

Für 1 Springform von 26 cm Ø
(12 Stück)
Für den Biskuit:
7 Eier
125 g Zucker
150 g Mehl
Für die Füllung:
8 Blatt rote Gelatine
600 g frische Brombeeren
100 g Zucker
500 g Sahne
Für die Verzierung:
50 g gehobelte Mandeln
200 g Sahne
1 Päckchen Vanillezucker
1 Päckchen Sahnesteif
50 g Brombeergelee
Backpapier für die Form

1. Den Backofen vorheizen. Die Backform mit Backpapier belegen. Die Eier trennen, die Eiweiße steif schlagen, 50 g Zucker einrieseln lassen. Eigelbe, 5 EL warmes Wasser und 75 g Zucker schaumig rühren. Mehl unterheben. Den Eischnee unterziehen. Ein Viertel des Teigs in die Form füllen. Im Ofen bei 200° (Mitte, Umluft 180°) 5–7 Min. backen. Aus dem restlichen Teig nacheinander noch 3 Böden backen.

2. Gelatine einweichen. 12 Brombeeren beiseite legen. Die restlichen Brombeeren mit dem Zucker pürieren. Gelatine auflösen, mit 3 EL Beerenpüree verrühren, in das restliche Püree rühren. 20–30 Min. kalt stellen.

3. Sobald die Beerenmasse zu gelieren beginnt, die Sahne steif schlagen und unterheben. Einen Boden mit einem Tortenring umschließen. Abwechselnd je ein Viertel der Creme und die Böden übereinander schichten, die obere Schicht ist Creme. 3 Std. kalt stellen.

4. Mandeln in einer beschichteten Pfanne ohne Fett rösten. Sahne mit Vanillezucker und Sahnesteif steif schlagen. Das Gelee unterrühren. Die Brombeersahne in einen Spritzbeutel füllen. Den Tortenring entfernen und die Torte rundum mit Mandeln bestreuen. Die Torte mit Sahnetupfern und Brombeeren garnieren. Mindestens 2 Std. kalt stellen.

🕐 Zubereitung: 1 Std. 45 Min.　　🕐 Kühlzeit: 5 Std. 30 Min.

🕐 Backzeit: 30 Min.　　Pro Stück ca.: 405 kcal

Johannisbeer-Torte

Für 1 Springform von 26 cm Ø
(12 Stück)
Für den Rührteig:
150 g weiche Butter
200 g Zucker
4 Eier, 1 Prise Salz
300 g gemahlene Mandeln
1/2 TL Backpulver
Für die Füllung:
500 g rote Johannisbeeren
8 Blatt rote Gelatine
250 ml schwarzer Johannisbeernektar
200 g Zucker
400 g Sahne
Backpapier für die Form

1. Den Backofen vorheizen. Die Backform mit Backpapier belegen. Butter und Zucker cremig rühren. Zunächst Eier und Salz, dann die Mandeln und das Backpulver unterrühren. Den Teig in die Form füllen, glatt streichen. Im Backofen bei 175° (Mitte, Umluft 160°) 30 Min. backen. Auf einem Kuchengitter auskühlen lassen.

2. 3 Rispen oder einige Beeren beiseite legen. Die restlichen Johannisbeeren waschen und abzupfen (tiefgekühlte Beeren nicht auftauen). Die Gelatine einweichen. Den Nektar mit dem Zucker erwärmen, bis sich der

Zucker gelöst hat. Die Johannisbeeren dazugeben. Die Gelatine ausdrücken und unterrühren. 1 Std. kalt stellen.

3. Die Sahne steif schlagen und unter die Beerenmasse heben. Den Kuchen fein zerbröseln. Den Springformrand auf eine Tortenplatte setzen. Zwei Drittel der Kuchenbrösel als Boden in die Form drücken. Die Obstsahne gleichmäßig darauf verteilen. Die Oberfläche mit den restlichen Kuchenbröseln bestreuen. 4 Std. kalt stellen.
Vor dem Servieren mit den restlichen Johannisbeeren garnieren.

🕐 Zubereitung: 45 Min.　　🕐 Kühlzeit: 5 Std.

🕐 Backzeit: 30 Min.　　Pro Stück ca.: 530 kcal

Fruchtige Zitronentorte

Für 1 Springform von 26 cm Ø
(12 Stück)
Für die Füllung:
**1 Päckchen Puddingpulver Zitrone
(ersatzweise Vanille, zum Kochen
für 500 ml Milch)
100 g Zucker
100 g Sahne**
Für den Rührteig:
**125 g Butter, 100 g Zucker
1 Ei
Saft und Schale von
1 unbehandelten Zitrone
250 g Mehl
1 Prise Salz, 2 TL Backpulver**
Für den Belag:
**1 kleine Dose Aprikosen
(280 g Inhalt)
275 g Erdbeeren, 2 Kiwis
1 Päckchen klarer Tortenguss
2 EL Zucker**
Für die Verzierung:
**3 EL gehobelte Mandeln
Backpapier für die Form**

1. Puddingpulver mit 50 ml Wasser glatt rühren. Aus 250 ml Wasser, Zucker und dem angerührten Puddingpulver nach Packungsangaben einen Pudding kochen. Erkalten lassen, dabei gelegentlich umrühren.

2. Backofen vorheizen. Backform mit Backpapier belegen. Butter und Zucker cremig rühren. Zunächst Ei, Zitronensaft und -schale, dann Mehl, Salz und Backpulver unterrühren. Teig in die Form füllen. Im Ofen bei 200° (Mitte, Umluft 180°) 20–25 Min. backen. Auskühlen lassen.

3. Die Aprikosen abtropfen lassen, den Saft auffangen. Erdbeeren waschen, halbieren. Kiwis schälen, in Scheiben schneiden. Den Kuchen einmal quer durchschneiden. Den unteren Boden mit einem Tortenring umschließen. Die Sahne steif schlagen, unter den Pudding heben. Zwei Drittel der Puddingcreme auf dem Tortenboden verstreichen. Den zweiten Boden auflegen. Die Torte rundum mit der restlichen Creme bestreichen, dekorativ mit den Früchten belegen.

4. Aprikosensaft mit Wasser auf 250 ml auffüllen. Mit Tortenguss und Zucker nach Packungsangaben einen Tortenguss kochen. Etwas abkühlen lassen. Die Torte damit überziehen. 1 Std. kalt stellen. Die Mandeln in einer beschichteten Pfanne rösten, den Tortenrand damit verzieren.

| ⏲ Zubereitung: 35 Min. | ⏲ Kühlzeit: 1 Std. |
| ⏲ Backzeit: 25 Min. | Pro Stück ca.: 310 kcal |

Johannisbeer-Baiser-Torte

Für 1 Springform von 26 cm Ø
(12 Stück)
Für den Knetteig:
**100 g Butter
100 g Zucker
2 EL Sahne
3 Eier
180 g Mehl**
Für die Füllung:
**750 g Johannisbeeren
150 g Puderzucker**
Für die Verzierung:
**4 EL Puderzucker
Pergamentpapier
200 g Hülsenfrüchte zum Blindbacken
Backpapier für die Form**

1. Die Butter schmelzen, etwas abkühlen lassen. Mit Zucker und Sahne cremig rühren. Die Eier trennen. Die Eigelbe unter die Buttermischung rühren. Das Mehl unterkneten. Den Teig 30 Min. kalt stellen.

2. Den Backofen vorheizen. Die Backform mit Backpapier belegen. Den Teig in die Form drücken, dabei einen 2 cm hohen Rand formen. Aus Pergamentpapier einen Kreis von ca. 30 cm Ø schneiden. Auf den Teig legen, die Hülsenfrüchte darauf verteilen. Im Ofen bei 180° (Mitte, Umluft 160°) 10 Min. backen. Herausnehmen, Pergamentpapier und Hülsenfrüchte entfernen. Die Backofenhitze auf 175° (Umluft 160°) reduzieren.

3. Johannisbeeren waschen, von den Rispen zupfen und den Boden mit 650 g Beeren belegen. Die restlichen Beeren pürieren. Eiweiße mit Puderzucker steif schlagen. Die pürierten Beeren unterziehen. Baiser in einen Spritzbeutel füllen und von der Mitte aus spiralförmig über die Johannisbeeren spritzen. Im Ofen (oben) in 25–30 Min. fertig backen. Vor dem Servieren mit etwas Puderzucker bestäuben.

| ⏲ Zubereitung: 45 Min. | ⏲ Ruhezeit: 30 Min. |
| ⏲ Backzeit: 40 Min. | Pro Stück ca.: 260 kcal |

Für 1 Springform von 26 cm Ø
(16 Sück)
Für den Biskuit:
4 Eier
125 g Zucker
75 g Mehl
50 g Speisestärke
Für die Füllung:
100 g kandierte Ananas
100 g Cocktailkirschen
1 kg Sahne
70 g Zucker
100 g geraspelte Schokolade
100 g gemahlene Haselnüsse
100 g gemahlene Mandeln
20 ml Weinbrand und
20 ml Eierlikör (wer mag)
Für die Verzierung:
200 g Sahne
1 Päckchen Sahnesteif
1 Päckchen Vanillezucker
100 g geraspelte Schokolade
Backpapier für die Form

Eissplittertorte

1. Den Backofen vorheizen. Die Backform mit Backpapier belegen. Die Eier trennen, die Eiweiße steif schlagen. Die Eigelbe mit Zucker schaumig rühren. Mehl und Speisestärke unterziehen. Den Eischnee unterheben.

2. Den Teig in die Form füllen. Im Backofen bei 175° (Mitte, Umluft 160°) 15–20 Min. backen. Leicht abgekühlt aus der Form lösen, das Backpapier abziehen. Den Biskuit auf einem Kuchengitter gut auskühlen lassen.

3. Die Ananas in kleine Stücke schneiden. 6 Kirschen für die Dekoration beiseite stellen, die restlichen Kirschen halbieren. Die Sahne mit Zucker steif schlagen. Schokolade, Nüsse, Mandeln und die halbierten Kirschen unter die Sahne heben. Die Ananasstücke und – wer mag – Weinbrand und Eierlikör unterziehen.

4. Den Biskuit einmal quer durchschneiden. Den unteren Boden mit einem Tortenring umschließen und mit der Fruchtsahne bestreichen. Den zweiten Boden auflegen. Die Torte abgedeckt 24 Std. in die Gefriertruhe stellen.

5. Die Torte 2 Std. vor dem Servieren aus der Gefriertruhc nehmen und zum Antauen in den Kühlschrank stellen.

6. Die Sahne mit Sahnesteif und Vanillezucker steif schlagen, in einen Spritzbeutel füllen. Den Tortenring entfernen. Oberfläche und Rand der Torte mit kleinen Sahnetupfern

garnieren. Die restlichen Kirschen vierteln und die Torte damit garnieren. Den Rand der Torte mit Raspelschokolade bestreuen.

Variante

Geeister Obsttraum
1 Obstboden nach dem Grundrezept (siehe S. 60) zubereiten. Für die Füllung 1 Glas oder 1 Dose Früchte nach Wahl (Pfirsiche, Beeren) abtropfen lassen, den Saft auffangen. Den Fruchtsaft mit Wasser auf 500 ml auffüllen, mit 1 Päckchen Vanille-Puddingpulver nach Packungsangaben einen Pudding kochen. Abkühlen lassen. 200 g Butter, 1 Ei und 100 g Puderzucker cremig rühren. Den Pudding löffelweise unterrühren. 125 g Kokosfett (Palmin) schmelzen, leicht abkühlen lassen und in die Buttercreme rühren.
Den Obstboden auf eine Platte legen, mit einem Tortenring umschließen und mit den Früchten belegen. Die Puddingmasse darauf verstreichen und mit dem Tortenkamm im Uhrzeigersinn ein spiralförmiges Muster ziehen. Die Torte mit Raspelschokolade bestreuen.
2 Std. in die Kühltruhe stellen, die Torte sollte leicht angefroren sein. Dazu schmeckt sehr gut ein auf das Obst abgestimmter Fruchtsirup.

Zubereitung: 50 Min.
Backzeit: 20 Min.
Kühlzeit: 26 Std.
Pro Stück ca.: 505 kcal

Für 1 Springform von 26 cm Ø
(12 Stück)
Für den Rührteig:
3 Eier
4 EL Zucker
1 Päckchen Vanillezucker
5 EL Mehl
1 gestr. TL Backpulver
1 EL Essig
2 EL Öl
Für den 1. Belag:
1 Glas Sauerkirschen (700 g Inhalt)
2 EL Zucker
1 Päckchen Vanille-Puddingpulver
(zum Kochen für 500 ml Milch)
Für den 2. Belag:
400 g Sahne
2 Päckchen Sahnesteif
2 Päckchen Vanillezucker
Für die Verzierung:
300 g Marzipan-Rohmasse
50 g weiße Kuvertüre
1 EL Kakao
Backpapier für die Form

Info

Essig lässt den Teig schön locker werden. Das Essig-Aroma überträgt sich nicht auf den Kuchen!

Kirsch-Marzipan-Torte

1. Den Backofen vorheizen. Die Backform mit Backpapier belegen. Die Eier mit Zucker und Vanillezucker schaumig rühren. Mehl und Backpulver mischen, unterrühren. Essig und Öl dazugeben und verrühren. Den Teig in die Form füllen. Im Backofen bei 180° (Mitte, Umluft 160°) 25–30 Min. backen. Leicht abgekühlt aus der Form lösen, das Backpapier abziehen. Den Kuchen auf einem Kuchengitter auskühlen lassen.

2. Die Kirschen in einem Sieb abtropfen lassen, den Saft auffangen. Den Kirschsaft mit Wasser auf 500 ml Flüssigkeit auffüllen. Aus Saft, Zucker und Puddingpulver nach Packungsangaben einen Pudding kochen. 10 schöne Kirschen beiseite stellen. Die restlichen Kirschen unter den Pudding heben.

3. Den Tortenboden mit einem Tortenring umschließen. Die warme Puddingmasse gleichmäßig darauf verstreichen. 2 Std. kalt stellen. Den Tortenring entfernen.

4. Die Sahne mit Sahnesteif und Vanillezucker steif schlagen. Die Torte rundum damit bestreichen.

5. Die Marzipan-Rohmasse zwischen Frischhaltefolie zu einem Kreis mit ca. 35 cm Ø ausrollen. Die Torte damit überziehen, die Seitenteile vorsichtig andrücken, überstehendes Marzipan mit einem Messer abschneiden. Marzipanreste erneut verkneten und daraus Blätter für die Dekoration formen. Die Torte 1 Std. kalt stellen.

6. Die Kuvertüre im Wasserbad schmelzen lassen. Die restlichen Kirschen jeweils zur Hälfte in die Kuvertüre tauchen. Die Marzipanblätter rundum mit Kuvertüre überziehen. Kirschen und Blätter auf einem Gitter trocknen lassen. Die Torte vor dem Servieren dünn mit Kakao bestäuben, mit den Marzipanblättern und den Kirschen garnieren.

Tipp

Gut sortierte Supermärkte führen fertig ausgerollte Marzipanplatten für einen Tortenüberzug.

🕐 Zubereitung: 45 Min.
🕐 Backzeit: 30 Min.
🕐 Kühlzeit: 3 Std.
Pro Stück ca.: 365 kcal

Für 1 Springform von 26 cm Ø
(12 Stück)
Für den Rührteig:
250 g weiche Butter
250 g Zucker
1 Päckchen Vanillezucker
4 Eier
1 Fläschchen Rumaroma
250 g Mehl
2 TL Backpulver
100 g gemahlene Mandeln
1/2 TL Zimt
Für die Füllung:
1 kg reife Nektarinen
800 g Sahne
100 ml Nektarinen- oder
Pfirsichsaft
1 Päckchen Sahnetorten Hilfe
2 TL Zimt
Zum Beträufeln und Bestreichen:
6 EL Aprikosenlikör
(ersatzweise Saft)
10 EL Aprikosenkonfitüre
Backpapier für die Form

Zimt-Nektarinen-Torte

1. Den Backofen vorheizen. Die Backform mit Backpapier belegen. Butter, Zucker und Vanillezucker cremig rühren. Die Eier und die Hälfte des Rumaromas unterrühren. Mehl, Backpulver, Mandeln und Zimt mischen, unterheben.

2. Den Teig in die Form füllen und glatt streichen. Im Ofen bei 200° (Mitte, Umluft 180°) 30 Min. backen. 10 Min. vor Ende der Backzeit mit Alufolie abdecken. Leicht abgekühlt aus der Form lösen, das Backpapier abziehen. Den Kuchen auf einem Kuchengitter gut auskühlen lassen.

3. Die Nektarinen waschen, dünn schälen und den Stein entfernen. 3 Nektarinenhälften beiseite stellen. Die übrigen Früchte klein würfeln.

4. Die Sahne steif schlagen. Die Sahnetorten Hilfe nach Packungsangaben mit dem Saft und 100 ml Wasser glatt rühren. Mit der Sahne gut verrühren. Die Sahnecreme mit Zimt und dem restlichen Rumaroma abschmecken. 4 EL in einen Spritzbeutel füllen.

5. Den Kuchen zweimal quer durchschneiden. Den unteren Boden mit 2 EL Likör beträufeln. Ein Drittel der Sahnecreme darauf verteilen. Mit der Hälfte der Nektarinenwürfel bestreuen. Den zweiten Boden auflegen, mit 2 EL Likör beträufeln und mit 5 EL Aprikosenkonfitüre bestreichen. Ein Drittel der Sahnecreme darauf verteilen, mit den restlichen Nektarinenstückchen bestreuen. Den dritten Tortenboden auflegen, mit dem restlichen Likör beträufeln und mit 5 EL Aprikosenkonfitüre bestreichen.

6. Die Torte rundum mit der restlichen Sahne überziehen. Die 3 Nektarinenhälften in schmale Spalten schneiden. Die Tortenoberfläche dekorativ damit belegen. In die Mitte der Torte Sahnetupfer spritzen. Den Rand mit einem Tortenkamm verzieren. Die Torte 2 Std. kalt stellen.

Variante

Statt frischer Nektarinen können Sie auch Pfirsiche oder Aprikosen aus der Dose verwenden. Stimmen Sie Likör und Konfitüre auf die jeweilige Obstsorte ab. Anstelle von Aprikosenlikör passt zum Beispiel auch Marillenbrand oder Mandellikör!

🕐 Zubereitung: 1 Std. 25 Min.

🕐 Backzeit: 30 Min.

🕐 Kühlzeit: 2 Std.

Pro Stück ca.: 695 kcal

Schoko-schlemmereien

Sündig süß

Gibt es ein größeres Glück als Schokolade, die langsam auf der Zunge zergeht? Auch jeder dieser gebackenen Schokoträume verspricht puren Genuss. Vollmilch, Zart-bitter, mit Nuss oder ganz in Weiß – es gibt unzählige Ideen für Rezepte mit Schokolade.

Von Altbadische bis Schwedische Schokoladentorte. Und ob Schoko-Traum, -Joghurt- oder -Pudding-Torte, es bleibt garantiert kein Krümelchen übrig!

Schoko-Pudding-boden

Für 1 Springform von 26 cm Ø (12 Stück)
2 Päck. Schokoladen-Puddingpulver
(zum Kochen für 500 ml Milch)
75 g Zucker
1 TL Backpulver
50 ml Öl
2 Eier
Backpapier für die Form

1. Den Backofen vorheizen. Die Backform mit Backpapier belegen. Puddingpulver, Zucker, Backpulver, Öl und Eier gut verrühren.

2. Den Teig in die Form füllen. Im Ofen bei 180° (Mitte, Umluft 160°) 15 Minuten backen. Leicht abgekühlt aus der Form lösen, das Backpapier abziehen. Den Kuchen auf einem Kuchengitter auskühlen lassen.

Cappuccino-Torte

Für 1 Springform von 26 cm Ø (12 Stück)
1 vorbereiteter Schoko-Puddingboden
(siehe Grundrezept)
Für die Füllung:
5 Blatt weiße Gelatine
400 g Schlagsahne
80 ml frisch gebrühter Espresso oder Instant-Kaffee
80 ml Kaffeelikör
2 Päck. Bourbon-Vanillezucker
1 EL Kakao, 100 g Zartbitter-Schokolade

1. Gelatine einweichen. Sahne steif schlagen. 50 ml Espresso und 2 EL Likör erhitzen. Die Gelatine ausdrücken, darin auflösen. Etwas abkühlen lassen und unter die Sahne heben.

2. Eine Hälfte der Sahne mit Vanillezucker aromatisieren. Die Schokolade fein hacken, mit dem Kakao und der zweiten Hälfte Sahne mischen. Helle und dunkle Sahne jeweils in einen Spritzbeutel füllen. Den Puddingboden mit einem Tortenring umstellen. Mit dem restlichen Espresso und Likör beträufeln. Von innen nach außen immer abwechselnd einen hellen und einen dunklen Ring aufspritzen. 2 Stunden kalt stellen.

⏱ Zubereitung: 10 Min.	
⏱ Backzeit: 15 Min.	Pro Stück ca.: 80 kcal

⏱ Zubereitung: 30 Min.	⏱ Kühlzeit: 2 Std.
	Pro Stück ca.: 240 kcal

Schoko-Rührteig

Für 1 Springform von 26 cm Ø (12 Stück)
50 g Zartbitter-Schokolade
100 g Butter
75 g Zucker
1 Päck. Vanillezucker
2 Eier
100 g Mehl
1 gestr. TL Backpulver
3 TL Kakao
4 EL Milch
Backpapier für die Form

1. Den Backofen vorheizen. Die Backform mit Backpapier belegen. Die Schokolade grob hacken. Butter
mit Zucker und Vanillezucker cremig rühren. Die Eier
unterrühren. Mehl, Backpulver und Kakao mischen, mit
der Milch unterrühren. Die Schokolade unterheben.

2. Den Teig in die Form füllen. Im Backofen bei 175°
(Mitte, Umluft 160°) 20 Minuten backen. Leicht
abgekühlt aus der Form lösen, das Backpapier abziehen.
Den Kuchen auf einem Kuchengitter auskühlen lassen.

Schoko-Karamell-Torte

Für 1 Springform von 26 cm Ø (12 Stück)
1 vorbereiteter Schoko-Rührteig (siehe Grundrezept)
Für die Füllung:
300 g Karamell-Bonbons
1 kg Schlagsahne
10 TL San-apart
1 EL Kakao

1. 8 Karamell-Bonbons für die Dekoration beiseite
stellen. Die übrigen Bonbons mit 900 g Sahne unter
Rühren bei schwacher Hitze köcheln lassen, bis sich die
Karamellen gelöst haben. Über Nacht kalt stellen.

2. Sahne mit San-apart steif schlagen. 6–8 EL Sahne in
einen Spritzbeutel füllen. Die restliche Sahne auf
dem Schoko-Rührteig verstreichen. Mit einem Tortenkamm Spiralmuster in die Oberfläche ziehen. Die 8 Karamell-Bonbons in kleine Würfel schneiden. Die Torte mit
Sahnetupfen und den Karamellen garnieren. Dünn mit
Kakao bestäuben. 1 Stunde kalt stellen.

🕐 Zubereitung: 15 Min.

🕐 Backzeit: 20 Min.　　　Pro Stück ca.: 160 kcal

🕐 Zubereitung: 40 Min.　　🕐 Kühlzeit: 1 Std.

　　　　　　　　　　　　Pro Stück ca.: 375 kcal

Für 1 Springform von 26 cm Ø
(12 Stück)
Für den Biskuit:
4 Eier
125 g Zucker
75 g Mehl
50 g Speisestärke
Für die Füllung:
100 g Mandelsplitter
400 g Sahne
2 Päckchen Sahnesteif
2 Päckchen Vanillezucker
4 EL Kakaogetränkpulver (z. B. Kaba)
Für die Verzierung:
2 EL Mandelsplitter
3 EL Schokostreusel
Backpapier für die Form

Mandelsplitter-Torte

1. Den Backofen vorheizen. Die Backform mit Backpapier belegen. Die Eier trennen, die Eiweiße steif schlagen. Die Eigelbe mit Zucker schaumig rühren. Mehl mit Speisestärke mischen und unterrühren. Den Eischnee unterheben. Den Teig in die Form füllen. Im Ofen bei 175° (Mitte, Umluft 160°) 15–20 Min. backen. Leicht abgekühlt aus der Form lösen und das Backpapier abziehen. Den Biskuit auf einem Kuchengitter gut auskühlen lassen.

2. Die Mandelsplitter in einer beschichteten Pfanne ohne Fett rösten, abkühlen lassen. Die Sahne mit Sahnesteif, Vanillezucker und Kakao steif schlagen. Die Mandelsplitter unterheben.

3. Den Biskuit einmal quer durchschneiden. Den unteren Boden mit der Hälfte der Schokosahne bestreichen. Den zweiten Boden auflegen, die Torte rundum mit der restlichen Sahne bestreichen. Mit Mandelsplittern und Schokostreuseln bestreuen. Die Torte 2 Std. kalt stellen.

⏱ Zubereitung: 30 Min.	⏱ Kühlzeit: 2 Std.
⏱ Backzeit: 20 Min.	Pro Stück ca.: 290 kcal

Für 1 Springform von 26 cm Ø
(12 Stück)
Für den Rührteig:
60 g Zartbitter-Schokolade
50 g weiche Butter
125 g Zucker, 4 Eier
100 g Mehl
1 gestr. TL Backpulver
60 g gemahlene Mandeln
1 EL Kakao
Für die Füllung:
3 Blatt weiße Gelatine
240 g Zartbitter-Schokolade
1 TL Instant-Kaffeepulver
2 EL Puderzucker
375 g Sahne
Für die Verzierung:
60 g Schokostreusel
Backpapier für die Form

Schwedische Schokoladen-Torte

1. Den Backofen vorheizen. Backform mit Backpapier belegen. Schokolade reiben. Butter und Zucker cremig rühren. Die Eier unterrühren. Mehl, Backpulver, Mandeln, Schokolade und Kakao mischen, unterrühren. Den Teig in die Form füllen. Im Ofen bei 175° (Mitte, Umluft 160°) 50 Min. backen. Leicht abgekühlt aus der Form lösen, das Backpapier abziehen. Den Kuchen gut auskühlen lassen.

2. Die Gelatine einweichen. Die Schokolade grob hacken. Mit Kaffeepulver, Puderzucker und Sahne in einem Topf schmelzen, einmal kurz aufkochen lassen. Vom Herd nehmen.

Die Gelatine ausdrücken und unterrühren. Die Masse erkalten lassen.

3. Die kalte Schokosahne schaumig schlagen. Den Kuchen zweimal quer durchschneiden. Den unteren Boden mit einem Drittel der Schokosahne bestreichen. Den zweiten Boden auflegen, mit dem zweiten Drittel der Creme bestreichen. Den dritten Boden auflegen, die Torte rundum mit der restlichen Creme bestreichen.

4. Mit einem Löffel ein wellenförmiges Muster in die Creme drücken. Den Tortenrand mit Schokostreuseln garnieren. 2 Std. kalt stellen.

⏱ Zubereitung: 50 Min.	⏱ Kühlzeit: 2 Std.
⏱ Backzeit: 50 Min.	Pro Stück ca.: 420 kcal

Für 1 Springform von 26 cm Ø
(12 Stück)
Für die Füllung:
250 g Sahne
70 g Zartbitter-Schokolade
Für den Rührteig:
150 g weiche Butter
225 g Zucker
6 Eier
100 g Mehl
225 g Schokoladenpulver
Für die Verzierung:
2 EL Kakao
12 weiße Trüffel-Pralinen
Backpapier für die Form

Trüffel-Torte

1. Für die Füllung die Sahne mit Schokolade kurz aufkochen lassen. Über Nacht kalt stellen.

2. Den Backofen vorheizen. Die Backform mit Backpapier auslegen. Butter mit Zucker cremig rühren. Die Eier unterrühren. Mehl und Schokoladenpulver mischen, unterheben.

3. Den Teig in die Form füllen und glatt streichen. Im Ofen bei 150° (Mitte, Umluft 140°) 30 Min. backen. Leicht abgekühlt aus der Form lösen,

das Backpapier abziehen. Den Kuchen gut abkühlen lassen.

4. Die Schokosahne steif schlagen und in einen Spritzbeutel mit großer Tülle füllen. Den Kuchen immer im Kreis dick mit der Schokosahne bespritzen. Mit Kakao bestäuben und mit Trüffel-Pralinen garnieren. Die Torte 2 Std. kalt stellen.

⏲ Zubereitung: 45 Min.	⏲ Kühlzeit: 14 Std.
⏲ Backzeit: 30 Min.	Pro Stück ca.: 390 kcal

Für 1 Springform von 26 cm Ø
(12 Stück)
Für den Biskuit:
5 Eier
80 g Zucker
1 Päckchen Vanillezucker
80 g weiche Butter
200 g gemahlene Mandeln
1 TL Backpulver
100 g Raspelschokolade
Für die Füllung:
14 Blatt weiße Gelatine
400 g Sahne
100 g Zucker
750 g Joghurt mit Schokostückchen
2 EL Zitronensaft
Für die Verzierung:
5 EL Kokosraspel
100 g Zartbitter-Schokolade
12 Schokoherzen
Backpapier für die Form

Schoko-Joghurt-Torte

1. Den Backofen vorheizen. Die Backform mit Backpapier belegen. Die Eier trennen, Eiweiße steif schlagen. Zucker, Vanillezucker und Butter cremig rühren. Die Eigelbe unterrühren. Mandeln, Backpulver und Raspelschokolade mischen, unterrühren. Eischnee unterheben.

2. Den Teig in die Form füllen. Im Ofen bei 175° (Mitte, Umluft 160°) 25–30 Min. backen. Leicht abgekühlt aus der Form lösen, Backpapier abziehen. Den Biskuit auf einem Kuchengitter auskühlen lassen.

3. Die Gelatine einweichen. Die Sahne steif schlagen. Zucker und Joghurt verrühren. Den Zitronensaft erhitzen, die Gelatine darin auflö-

sen. Zunächst mit nur 3 EL Joghurt verrühren, dann in den restlichen Joghurt rühren. Die Sahne unterheben.

4. Den Biskuit mit einem Tortenring umschließen. Die Sahnecreme auf dem Biskuit gleichmäßig verstreichen. Mit einem Tortenkamm Kreise auf der Oberfläche ziehen. 4 Std. kalt stellen.

5. Den Tortenring entfernen. Die Torte rundum mit Kokosraspeln bestreuen. Die Schokolade im Wasserbad schmelzen lassen. In einen Gefrierbeutel füllen, eine Spitze abschneiden und die Torte damit garnieren. 15 Min. kalt stellen. Mit den Schokoherzen garnieren.

⏲ Zubereitung: 40 Min.	⏲ Kühlzeit: 4 Std. 15 Min.
⏲ Backzeit: 30 Min.	Pro Stück ca.: 590 kcal

Für 1 Springform von 26 cm Ø
(12 Stück)
Für die Füllung:
250 g Zartbitter-Kuvertüre
700 g Sahne
3 Päckchen Sahnesteif
2 Päckchen Vanillezucker
Für den Rührteig:
150 g Zartbitter-Kuvertüre
150 g weiche Butter
150 g Puderzucker
6 Eier
150 g Mehl
1 gestrichener TL Backpulver
1 Prise Salz
1 EL Kakao
150 g gemahlene Mandeln
4–5 EL Milch
Zum Beträufeln und Bestreichen:
130 ml Orangensaft
340 g Orangenmarmelade
Für die Verzierung:
60 g gehackte Pistazien
6 TL Schokostreusel
Backpapier für die Form

Schoko-Traum-Torte

1. Kuvertüre für die Füllung grob hacken. Sahne erhitzen, die Kuvertüre darin unter Rühren schmelzen lassen. Über Nacht kühl stellen.

2. Den Backofen vorheizen. Die Backform mit Backpapier belegen. Die Kuvertüre im Wasserbad schmelzen und etwas abkühlen lassen. Butter und Puderzucker cremig rühren. Die Eier und die Kuvertüre unterrühren. Mehl, Backpulver, Salz, Kakao und Mandeln mischen, mit der Milch unterrühren.

3. Den Teig in die Form füllen, glatt streichen. Im Ofen bei 175° (Mitte, Umluft 160°) 50 Min. backen. Leicht abgekühlt aus der Form lösen, das Backpapier abziehen. Den Kuchen am besten über Nacht auskühlen lassen.

4. Die Schokosahne mit Sahnesteif und Vanillezucker steif schlagen. Den Kuchen zweimal quer durchschneiden. Den unteren Boden mit 65 ml Orangensaft beträufeln. Mit der Hälfte der Schokosahne bestreichen. Den zweiten Boden auflegen, mit dem restlichen Orangensaft beträufeln und mit Orangenmarmelade bestreichen. Den dritten Boden auflegen.

5. 4 EL Schokosahne in einen Spritzbeutel füllen. Die Torte mit der restlichen Sahne rundum bestreichen. Mit Pistazien und Sahnetupfern garnieren. Den Rand der Torte mit Schokostreuseln bestreuen. 3 Std. kalt stellen.

Deko-Tipp

Servieren Sie diese Torte doch mal auf einem Spiegel statt einer gewöhnlichen Tortenplatte. Drapieren Sie rundum weißes Tortenspitzenpapier und einige Rosenblätter (möglichst pastellfarben) – sieht wirklich edel aus!
Fröhliche Farbtupfer: 1 Orange heiß waschen, trockenreiben und halbieren. Von jeder Hälfte jeweils eine Scheibe abschneiden und jeweils in 6 gleichmäßige »Dreiecke« schneiden. Jeden Sahnetupfer mit einem Orangenstück garnieren.

⏰ Zubereitung: 35 Min.	⏰ Kühlzeit: 15 Std.
⏰ Backzeit: 50 Min.	Pro Stück ca.: 780 kcal

Für 1 Springform von 26 cm Ø
(16 Stück)
Für die Füllung:
250 g weiße Kuvertüre
200 g Sahne
2 Päckchen Sahnesteif
Für den Rührteig:
60 g weiße Schokolade
3 Eier
230 g Zucker
1 Päckchen Vanillezucker
125 ml Milch
140 g Mehl
2 TL Backpulver
1/2 TL Salz
180 ml Öl
1 Fläschchen Vanille-Aroma
Zum Beträufeln:
2 EL weiße Crème de Cacao (Likör,
ersatzweise Crème de Cacao)
Zum Bestreichen:
120 g Honig
30 ml weiße Crème de Cacao
(ersatzweise Crème de Cacao)
Für den Guss:
50 g Zartbitter-Kuvertüre
Für die Verzierung:
2 EL Nuss-Krokant
Backpapier für die Form

Weiße Schoko-Honig-Torte

1. Kuvertüre für die Füllung grob hacken. Sahne erhitzen, die Kuvertüre darin unter Rühren schmelzen lassen. Über Nacht kühl stellen.

2. Den Backofen vorheizen. Die Backform mit Backpapier belegen. Für den Teig die Schokolade schmelzen und abkühlen lassen. Die Eier trennen. Eigelbe mit Zucker, Vanillezucker und Milch schaumig rühren. Mehl mit Backpulver und Salz vermischen und unter die Eimasse rühren, danach Öl und Vanille-Aroma einrühren. Schokolade unter den Teig heben. Eiweiße steif schlagen und unterziehen.

3. Den Teig in die Form füllen und glatt streichen. Im Ofen bei 175° (Mitte, Umluft 160°) 45 Min. backen. In der Form auskühlen lassen. Aus der Form lösen, das Backpapier abziehen. Auf einem Kuchengitter über Nacht auskühlen lassen – nicht abdecken.

4. Die Schokosahne mit Sahnesteif steif schlagen. Den Biskuit einmal quer durchschneiden. Den unteren Boden mit 2 EL Likör beträufeln und mit einem Drittel der Sahne bestreichen. Den zweiten Boden auflegen.

5. Honig und Likör verrühren. Die Torte damit bestreichen. Die Mischung 30 Min. einziehen lassen.

6. Die Torte rundum mit der restlichen Sahne bestreichen. Die Kuvertüre im Wasserbad schmelzen und etwas abkühlen lassen. Mit Hilfe eines Teelöffels feine Kuvertüre-Tröpfchen auf der ganzen Torte verteilen. Die Torte 2 Std. kühl stellen. Den Tortenrand mit Krokant bestreuen, leicht andrücken.

Tipp

Dieser Rührteig bäckt luftig locker. Deswegen sollte er vor dem Füllen und Dekorieren über Nacht ruhen.
Ganz toll schmeckt die weiße Schoko-Honig-Füllung auch in Kombination mit dem Rührteig von »Peppermint-Lady« auf S. 112. Diesen füllen und garnieren wie im nebenstehenden Rezept beschrieben. Vor dem Servieren mindestens 12 Std. kühl stellen.

⏱ Zubereitung: 1 Std.	⏱ Kühlzeit: 14 Std.
⏱ Backzeit: 45 Min.	Pro Stück ca.: 515 kcal

Altwiener Schokoladentorte

Für 1 Springform von 26 cm Ø
(12 Stück)
Für den Teig:
100 g Zartbitter-Schokolade
100 g Löffelbiskuits
8 Eier
150 g Zucker
1 Päckchen Vanillezucker
1 Prise Salz
100 g gemahlene Haselnüsse
Für den Belag:
50 ml Sherry (ersatzweise
Kirschsaft)
300 g Aprikosenkonfitüre
100 g Zartbitter-Schokolade
1 Ei
200 g Puderzucker
60 g Kokosfett
50 g weiße Kuvertüre
100 g gehobelte Mandeln
Backpapier für die Form

1. Die Schokolade reiben. Die Löffelbiskuits zerbröseln. Den Backofen vorheizen. Die Backform mit Backpapier belegen. Die Eier trennen, die Eiweiße steif schlagen. Eigelbe, Zucker, Vanillezucker und Salz schaumig schlagen. Löffelbiskuits, Nüsse und Schokolade mischen, unterrühren. Den Eischnee unterheben.

2. Den Teig in die Form füllen. Im Ofen bei 175° (Mitte, Umluft 160°) 30–40 Min. backen. Leicht abgekühlt aus der Form lösen, das Backpapier abziehen. Den Kuchen auf einem Kuchengitter auskühlen lassen.

3. Den Kuchen zweimal quer durchschneiden. Die Böden mit Sherry beträufeln. Den unteren Boden mit der Hälfte der Konfitüre bestreichen. Den zweiten Boden auflegen und mit der restlichen Konfitüre bestreichen. Den dritten Boden auflegen.

4. Die Schokolade im Wasserbad schmelzen und abkühlen lassen. Schokolade, Ei und Puderzucker verrühren. Das Kokosfett schmelzen, etwas abkühlen lassen. Unter die Schokocreme rühren. Die Torte damit überziehen. Mit einem Tortenkamm verzieren. 20 Min. kühl stellen.

5. Die weiße Kuvertüre im Wasserbad schmelzen lassen. In einen Gefrierbeutel füllen. Eine winzig Ecke des Beutels abschneiden, einzelne Wellen im Guss mit der Kuvertüre nachspritzen. Die Torte 15 Min. kalt stellen.

6. Die Mandeln in einer beschichteten Pfanne ohne Fett rösten. Den Tortenrand damit bestreuen.

Tipp

So lassen sich Löffelbiskuits, Kekse oder Zwieback für Tortenböden am besten zerbröseln: in einen Gefrierbeutel geben, den Beutel gut verschließen und dann mehrmals mit einem Nudelholz darüber rollen.

Tipp

Damit der Eischnee steif wird, ist es wichtig, die Eier sauber zu trennen: am besten zwei Schüsseln und eine Tasse bereitstellen. Die Eier jeweils am Tassenrand aufschlagen, das Eiweiß in die Tasse laufen lassen. Das Eigelb in eine Schüssel gleiten lassen.
Wenn das Eiweiß frei von Eigelb ist, in die andere Schüssel geben. Mit den anderen Eiern genauso verfahren. So können Sie verhindern, dass wegen einem schlecht getrennten Ei der Eischnee nicht gelingt.
Denn damit Eischnee auch wirklich steif wird, müssen sowohl die Arbeitsgeräte wie auch der Eischnee absolut fettfrei sein. Schon ein Tropfen Eigelb kann das verhindern!
Außerdem sollten Eier und Rührschüssel gut gekühlt sein.

🕐 Zubereitung: 1 Std. 25 Min.	🕐 Kühlzeit: 35 Min.
🕐 Backzeit: 40 Min.	Pro Stück ca.: 540 kcal

Für 1 Springform von 26 cm Ø
(12 Stück)
Für den Rührteig:
100 g weiche Butter
125 g Zucker
4 Eier
8 EL stark gebrühter, kalter Kaffee
200 g Mehl
2 TL Backpulver
2 EL Speisestärke
Für die Schokocreme:
250 ml Milch
1 Päckchen Schokoladen-
Puddingpulver (zum Kochen für
500 ml Milch)
4 EL Zucker
100 g weiche Butter
2 Päckchen Vanillezucker
80 g gehackte Mandeln
Für den Guss:
1 EL Butter
180 g Puderzucker
4 EL Kakao
Für die Verzierung:
3 EL Puderzucker
2 kleine Spritzer Zitronensaft
3 EL gehackte Mandeln
50 g Mokkabohnen
Backpapier für die Form

Leipziger Kaffeetorte

1. Den Backofen vorheizen. Die Backform mit Backpapier belegen. Butter und Zucker cremig rühren. Die Eier einzeln, dann den Kaffee einrühren. Mehl, Backpulver und Stärke mischen und unterheben.

2. Den Teig in die Form füllen und glatt streichen. Im Ofen bei 200° (Mitte, Umluft 180°) 25–30 Min. backen. Leicht abgekühlt aus der Form lösen, das Backpapier abziehen. Den Kuchen auf einem Kuchengitter gut auskühlen lassen.

3. Währenddessen aus Milch, Puddingpulver und Zucker nach Packungsangaben einen Pudding kochen. Auf Zimmertemperatur abkühlen lassen.

4. Die Butter mit Vanillezucker und Mandeln verrühren. Den Schokoladenpudding löffelweise unterrühren.

5. Den Kuchen zweimal quer durchschneiden. Den unteren Boden mit der Hälfte der Buttercreme bestreichen. Den zweiten Boden auflegen, mit der restlichen Creme bestreichen. Den dritten Boden auflegen.

6. Für den Guss die Butter schmelzen lassen. Puderzucker und Kakao mit 5 EL Wasser zu einer dicken Paste rühren. Mit der geschmolzenen Butter glatt rühren. Die Torte mit Hilfe eines Tortenmessers gleichmäßig damit bestreichen. 2 Std. kalt stellen.

7. Den Puderzucker mit dem Zitronensaft verrühren. In einen Gefrierbeutel füllen, eine winzige Ecke abschneiden und die Torte mit kleinen, zarten Ornamenten oder Strichen verzieren. Mit gehackten Mandeln bestreuen und mit Mokkabohnen garnieren.

Tipp

Torten am besten grundsätzlich vor dem Füllen oder Garnieren auf eine Tortenpappe legen. Die Tortenpappe findet man im Supermarkt beim Tortenpapier! Nach Fertigstellen der Torte kann man sie einfach und sicher mit der Tortenpappe auf eine andere Platte (Tortenplatte, Tablett, Teller, Spiegel usw.) zum Servieren umsetzen!
Ein Tortenheber (Kunststoff) hat den Nachteil, dass Sie die fertige Torte vorsichtig von diesem auf die Kuchenplatte gleiten lassen müssen. Und das gelingt nicht mit jeder Torte!

🕘 Zubereitung: 1 Std.

🕘 Backzeit: 30 Min.

🕘 Kühlzeit: 2 Std.

Pro Stück ca.: 470 kcal

Für 1 Springform von 26 cm Ø
(12 Stück)
Für die Füllung:
600 g Sahne
150 g Zartbitter-Schokolade
80 g Vollmilch-Schokolade
3 Päckchen Sahnesteif
3 Päckchen Vanillezucker
60 g Zucker, 20 Eiswaffeln
Für den Biskuit:
5 Eier, 250 g Zucker
1 Päckchen Vanillezucker
125 g Mehl
125 g Speisestärke
2 TL Backpulver
Backpapier für die Form

Schoko-Sahne-Torte

1. Die Sahne mit der Schokolade kurz aufkochen, bis die Schokolade geschmolzen ist. Über Nacht kalt stellen.

2. Den Backofen vorheizen. Die Backform mit Backpapier belegen. Die Eier trennen, Eiweiße steif schlagen. Eigelbe, 5 EL warmes Wasser, Zucker und Vanillezucker schaumig schlagen. Mehl, Speisestärke und Backpulver mischen, unterheben. Den Eischnee unterziehen. Den Teig in die Form füllen. Im Ofen bei 175° (Mitte, Umluft 160°) 40 Min. backen. Den Biskuit aus der Form lösen, das Backpapier abziehen. Den Biskuit auskühlen lassen. Einmal quer durchschneiden.

3. Die Schokosahne mit Sahnesteif, Vanillezucker und Zucker steif schlagen. Einen Boden mit einem Tortenring umschließen. 15 Eiswaffeln mit einem Messer halbieren. Rundherum hochkant auf den Boden stellen, eventuell mit etwas Sahne fixieren. Zwei Drittel der Schokosahne einfüllen und glatt streichen. Die restliche Sahne in eine Tortenspritze füllen.

4. Den zweiten Boden zerbröseln. In einer beschichteten Pfanne ohne Fett rösten, etwas abkühlen lassen und auf der Schokosahne verteilen. 4 Std. kalt stellen. Die Torte mit Sahnetupfern und den restlichen Eiswaffeln garnieren.

⏱ Zubereitung: 40 Min.	⏱ Kühlzeit: 16 Std.
⏱ Backzeit: 40 Min.	Pro Stück ca.: 515 kcal

Für 1 Springform von 26 cm Ø
(12 Stück)
Für den Biskuit:
5 Eier, 250 g Zucker
1 Päckchen Vanillezucker
125 g Mehl
125 g Speisestärke
2 TL Backpulver
Für die Füllung:
600 g Sahne
3 Päckchen Sahnesteif
3 Päckchen Vanillezucker
100 g Zartbitter-Schokolade
100 ml starker Kaffee
3 EL Rum
Für die Verzierung:
4 EL Puderzucker
Backpapier für die Form

Punschtorte

1. Den Backofen vorheizen. Die Backform mit Backpapier belegen. Die Eier trennen, Eiweiße steif schlagen. Eigelbe, 5 EL warmes Wasser, Zucker und Vanillezucker schaumig schlagen. Mehl, Speisestärke und Backpulver mischen und unterheben. Den Eischnee unterziehen. Den Teig in die Form füllen. Im Ofen bei 175° (Mitte, Umluft 160°) 40 Min. backen. Aus der Form lösen, Backpapier abziehen. Den Biskuit gut auskühlen lassen.

2. Den Biskuit aushöhlen, dabei ausreichend Bodendicke und einen äußeren Rand von 1 cm Breite belassen. Mit einem Tortenring umschließen. Die Sahne mit Sahnesteif und Vanillezucker steif schlagen. Die Torte mit der Hälfte der Sahne füllen.

3. Die ausgehöhlten Kuchenteile zerbröseln. Die Schokolade im Wasserbad schmelzen lassen, Kaffee und Rum unterrühren. Mit zwei Drittel der Kuchenbrösel mischen. Auf der Sahne verteilen, leicht andrücken, mit der restlichen Sahne bestreichen.

4. Die restlichen Brösel in einer beschichteten Pfanne ohne Fett rösten und die Torte damit bestreuen. 2 Std. kalt stellen. Vor dem Servieren mit Puderzucker bestäuben.

⏱ Zubereitung: 1 Std.	⏱ Kühlzeit: 2 Std.
⏱ Backzeit: 40 Min.	Pro Stück ca.: 420 kcal

Hans Mosers Lieblingstorte

Für 1 Springform von 26 cm Ø
(12 Stück)
Für den Rührteig:
3 Eier
75 g weiche Butter
150 g Zucker
3 EL Kakaopulver
50 g gehackte Nüsse
200 g Dickmilch
150 g Mehl
1/2 TL Backpulver
2 EL Speisestärke
Für die Füllung:
5 Blatt weiße Gelatine
300 g Sahne
3 Eier
70 g Zucker
3 EL Kakao
3 EL Whiskeylikör (z. B. Baileys)
Für die Verzierung:
300 g Sahne
2 Päckchen Sahnesteif
2 Päckchen Vanillezucker
2 EL Kakaopulver
50 g Schokostreusel
Backpapier für die Form

1. Den Backofen vorheizen. Die Backform mit Backpapier belegen. Die Eier trennen, die Eiweiße steif schlagen. Butter und Zucker cremig rühren. Zunächst die Eigelbe, dann Kakaopulver, Nüsse und Dickmilch unterrühren. Mehl, Backpulver und Speisestärke mischen, unterheben. Den Eischnee unterziehen.

2. Den Teig in die Form füllen. Im Ofen bei 175° (unten, Umluft 160°) 50–60 Min. backen. Leicht abgekühlt aus der Form lösen, das Backpapier abziehen. Den Kuchen auf einem Kuchengitter auskühlen lassen.

3. Die Gelatine einweichen. Die Sahne steif schlagen. Die Eier mit Zucker schaumig schlagen. Den Kakao unterrühren. Die Gelatine nach Packungsangaben auflösen. Mit dem Likör mischen und in die Eiercreme rühren. Die Sahne unterheben. Die Creme 10 Min. kalt stellen.

4. Den Kuchen einmal quer durchschneiden. Den unteren Boden mit der Hälfte der Creme bestreichen. Den zweiten Boden auflegen. Die Torte rundum mit der restlichen Creme bestreichen.

5. Die Sahne mit Sahnesteif, Vanillezucker und Kakao steif schlagen. In einen Spritzbeutel füllen und die Torte gitterförmig damit bespritzen. Den Rand der Torte mit Schokostreuseln garnieren. 2 Std. kalt stellen.

Variante

Ändern Sie die Dekoration, und schon wird die Torte zur Oster- oder Geburtstagstorte: garnieren Sie sie zu Ostern z. B. mit kleinen Osterhäschen und bunten Eiern. Für eine ganz persönliche Geburtstagstorte spritzen Sie statt eines Gittermusters Alter oder Name des Geburtstagskindes auf.

Deko-Tipp

Setzen Sie weiße oder farbige Teelichter – mit Aluschälchen – zwischen die Rauten und zünden Sie diese unmittelbar vor dem Servieren an. Ein toller Effekt!

⏱ Zubereitung: 1 Std.	⏱ Kühlzeit: 2 Std. 10 Min.
⏱ Backzeit: 1 Std.	Pro Stück ca.: 465 kcal

Für 1 Springform von 26 cm Ø
(12 Stück)
Für den Biskuit:
50 g Nougat
5 Eier
100 g Butter
150 g Zucker
120 g gemahlene Haselnüsse
1/2 TL Zimt
50 g Semmelbrösel
Zum Bestreichen:
3 EL Ananaskonfitüre
2 EL weißer Rum (wer mag)
Für die Füllung:
6 Blatt weiße Gelatine
200 g Ananas in Stücken
300 g Sahne
2 Päckchen Bourbon-Vanillezucker
100 g gehackte Haselnüsse
Für die Verzierung:
1 Päckchen Tortencreme
Mousse au Chocolat
400 ml Milch
250 g Sahne
12 Nougatpralinen
50 g Haselnussblättchen
Backpapier für die Form

Schokomousse-Haselnuss-Torte

1. Den Backofen vorheizen. Die Backform mit Backpapier belegen. Nougat nach Packungsangaben schmelzen. Die Eier trennen, Eiweiße steif schlagen. Butter und Zucker cremig rühren. Eigelbe unterrühren. Haselnüsse mit Zimt und Semmelbröseln mischen und mit dem flüssigen Nougat unter die Eimasse rühren. Eischnee unterheben. Den Teig in die Form füllen und glatt streichen. Im Ofen bei 175° (Mitte, Umluft 160°) 35–40 Min. backen. Leicht abgekühlt aus der Form lösen, das Backpapier abziehen. Den Boden auf einem Kuchengitter gut auskühlen lassen. Einmal quer durchschneiden.

2. Ananaskonfitüre – wer mag – mit Rum verrühren. Den unteren Tortenboden auf eine Platte legen, mit einem Tortenring umschließen und mit der Konfitüre bestreichen.

3. Gelatine einweichen. Ananasstücke in kleine Würfel schneiden, dabei 4 Stück für die Dekoration beiseite legen.

4. Sahne mit Vanillezucker steif schlagen. Die Gelatine nach Packungsangaben auflösen und unterrühren. Ananaswürfel und gehackte Haselnüsse unterheben.

5. Die Sahne auf dem Boden verteilen und glatt streichen. Den oberen Boden auflegen und die Torte 1 Std. kalt stellen.

6. Aus Tortencremepulver, Milch und Sahne nach Packungsangaben eine Creme zubereiten. Die Oberfläche und den Rand der Torte mit zwei Dritteln der Creme bestreichen. Die restliche Creme in einen Spritzbeutel füllen. Creme und Torte 3 Std. kalt stellen.

7. Mit dem Spritzbeutel von der Mitte nach außen 12 Cremelocken aufspritzen und anschließend mit den Nougatpralinen verzieren. Die übrigen Ananasstücke in ganz kleine Würfel schneiden und die Mitte der Torte damit bestreuen. 1 TL Haselnussblättchen darauf verteilen. Den Rand mit den restlichen Haselnussblättchen bestreuen.

Tipps

Statt der Tortencreme »Mousse au chocolat« Mousse au Chocolat-Dessertcreme verwenden. Diese allerdings nach Packungsangaben nur mit 200 ml Milch und 100 g Sahne zubereiten.

Nougat ist in gleichen Verpackungen wie Marzipan-Rohmasse im Backregal der Supermärkte zu finden. Nougat wird wie Kuvertüre im Wasserbad erhitzt und in flüssigem Zustand nach Rezept weiterverarbeitet.

⏱ Zubereitung: 40 Min.	⏱ Kühlzeit: 4 Std.
⏱ Backzeit: 40 Min.	Pro Stück ca.: 555 kcal

Für 1 Springform von 26 cm Ø
(12 Stück)

Für den Biskuit:

4 Eier

120 g Zucker

80 g Mehl

50 g Speisestärke

Für den 1. Belag:

1 große Dose Birnen (825 g Inhalt)

1 Päckchen Schokoladen-Pudding-pulver (zum Kochen für 500 ml Milch)

2 EL Zucker

4 EL Birnenschnaps oder -likör (wer mag)

Für die Verzierung:

200 g Sahne

1 Päckchen Sahnesteif

1 Päckchen Vanillezucker

1 EL gehackte Pistazien oder Mandelblättchen

Backpapier für die Form

Schokopudding-Torte

1. Den Backofen vorheizen. Die Backform mit Backpapier belegen. Die Eier trennen, die Eiweiße steif schlagen. Eigelbe, 1 EL warmes Wasser und Zucker schaumig rühren. Mehl mit Speisestärke unterheben. Den Eischnee unterziehen.

2. Den Teig in die Form füllen. Im Ofen bei 175° (Mitte, Umluft 160°) 20–25 Min. backen. Leicht abgekühlt aus der Form lösen, das Backpapier abziehen. Den Biskuit auf einem Kuchengitter auskühlen lassen.

3. Die Birnen in einem Sieb abtropfen lassen, den Saft auffangen. 1/2 Birne für die Dekoration beiseite legen. 450 ml Birnensaft abmessen – eventuell mit Wasser auf 450 ml auffüllen. Aus Puddingpulver, Birnensaft und Zucker nach Packungsangaben einen Pudding kochen. Leicht abkühlen lassen.

4. Den Biskuit mit einem Tortenring umschließen und mit Schnaps oder Likör beträufeln – wer mag. Die Birnen in Streifen schneiden und den Biskuit damit belegen. Den noch warmen Schokoladenpudding auf dem Obst verteilen. 1 Std. auskühlen lassen.

5. Die Sahne mit Sahnesteif und Vanillezucker steif schlagen. Sahne in einen Spritzbeutel füllen und die Torte damit verzieren. Die Birne in dünne Spalten schneiden. Die Torte mit den Birnenscheiben und Pistazien garnieren.

Variante

Die Torte erhält eine ganz andere Note, wenn Sie die Birnen durch Bananen ersetzen. Verwenden Sie für den Pudding 250 ml Bananensirup oder -saft und 200 ml Wasser – statt Birnensaft. Die Bananen schälen, längs in Hälften schneiden und sofort mit Zitronensaft beträufeln, damit sie nicht braun werden. Den Biskuit mit Bananensaft oder Batida de Coco beträufeln – statt Birnenlikör – und mit den Bananenhälften belegen. Die Torte wie im Rezept beschrieben fertig stellen.

Deko-Tipp

Den ausgekühlten Biskuit vor dem Belegen in Birnenform schneiden. Am besten vorher eine Schablone herstellen, diese auflegen und die Umrisse mit einem Messer nachschneiden. Aus den übrigen Kuchenstücken Stiel und Blatt schneiden und vor dem Servieren an die Torte legen.

⏱ Zubereitung: 45 Min.	⏱ Kühlzeit: 1 Std.
⏱ Backzeit: 25 Min.	Pro Stück ca.: 220 kcal

Leicht beschwipst

Das gewisse Etwas

Ein Schuss Raffinesse verleiht diesen Torten ihr unvergleichliches Aroma. Kaum mehr als ein dezenter Hauch Alkohol, aber dieser verspricht feine prickelnde Überraschungen für erwachsene Genießer.

Nichts für Kinder, aber sehr lecker: die vielen neuen Rezepte von Baileys-Sahne-Torte über Eierflip-Torte bis Schneegestöber mit Amaretto. Und Letzteres schmeckt garantiert nicht nur im Winter!

Mürbeteig – dünner Boden

Für 1 Springform von 26 cm Ø (12 Stück)
200 g Mehl, 3 EL Zucker
1 Prise Salz, 1 Ei
100 g kalte Butter in Flöckchen
Mehl zum Arbeiten
Backpapier für die Form

1. Mehl in eine Schüssel geben, in die Mitte eine kleine Mulde drücken. Zucker, Salz und Ei hineingeben, Butterflöckchen auf dem Rand verteilen. Rasch zu einem glatten Teig verkneten. In Frischhaltefolie wickeln, 30 Min. kalt stellen.

2. Den Backofen vorheizen. Die Backform mit Backpapier belegen. Den Teig zwischen Frischhaltefolie ausrollen und in die Form legen. Dabei einen kleinen Rand formen. Den Boden mit einer Gabel mehrmals einstechen. Im Ofen bei 175° (Mitte, Umluft 160°) 20–25 Min. backen. Leicht abgekühlt aus der Form lösen, das Backpapier abziehen. Den Boden auf einem Kuchengitter auskühlen lassen.

⏱ Zubereitung: 20 Min.	⏱ Kühlzeit: 30 Min.
⏱ Backzeit: 25 Min.	Pro Stück ca.: 135 kcal

Mandarinchen mit Promille

Für 1 Springform von 26 cm Ø (12 Stück)
1 vorbereiteter dünner Mürbeteigboden
(siehe Grundrezept)
Für die Füllung:
3 Dosen Mandarinen (à 312 g Inhalt)
2 EL Zucker, 1 Päckchen klarer Tortenguss
4 EL Orangenlikör
Für die Verzierung:
200 g Sahne, 1 Päckchen Sahnesteif
1 Päckchen Vanillezucker, 40 g Raspelschokolade

1. Mandarinen in einem Sieb abtropfen lassen, den Saft auffangen. Den Mürbeteigboden mit einem Tortenring umschließen, mit den Mandarinen dicht belegen.

2. Aus 200 ml Mandarinensaft, Zucker, Tortenguss und Orangenlikör einen Guss kochen. Die Früchte damit überziehen, fest werden lassen. Sahne, Sahnesteif und Vanillezucker steif schlagen. Die Torte mit Sahnetupfern garnieren und mit Raspelschokolade bestreuen.

⏱ Zubereitung: 25 Min.	
	Pro Stück ca.: 260 kcal

Rührteigboden

Für 1 Springform von 26 cm Ø (12 Stück)
Für den Rührteig:
125 g weiche Butter, 100 g Zucker
2 Eier
1/2 TL frisch abgeriebene Zitronenschale
175 g Mehl, 1/2 Päckchen Backpulver
75 g Speisestärke, 3 EL Milch
Backpapier für die Form

1. Den Backofen vorheizen. Die Backform mit Backpapier belegen. Butter mit Zucker cremig rühren. Eier und Zitronenschale unterrühren. Mehl, Backpulver und Speisestärke mischen, mit der Milch unterrühren.

2. Den Teig in die Form füllen und glatt streichen. Im Ofen bei 175° (Mitte, Umluft 160°) 25–30 Min. backen, leicht abgekühlt aus der Form lösen, das Backpapier abziehen. Den Kuchen auf einem Kuchengitter mindestens 4 Std. auskühlen lassen.

Tipp: Der Boden schmeckt besonders aromatisch, wenn man ihn vor der Weiterverarbeitung mit Obstsaft – passend zum Belag – tränkt.

Mandelcremetorte

Für 1 Springform von 26 cm Ø (12 Stück)
1 vorbereiteter Rührteigboden (siehe Grundrezept)
Für die Füllung:
250 g Butter, 6 sehr frische Eigelbe
6 EL Rum, 200 g Puderzucker
120 g gehackte Mandeln
Für die Verzierung:
500 g Sahne, 3 Päckchen Sahnesteif
3 Päckchen Vanillezucker
je 4 EL gewürfelte Belegkirschen, gehackte Mandeln, gehackte Schokolade

1. Butter, Eigelbe, Rum und Puderzucker cremig rühren, die Mandeln unterheben. Den Kuchen mit einem Tortenring umschließen. Die Creme darauf gleichmäßig verstreichen. 2 Std. kalt stellen.

2. Tortenring entfernen. Sahne, Sahnesteif und Vanillezucker steif schlagen. Oberfläche und Rand der Torte mit zwei Dritteln der Sahne bestreichen. Mit der restlichen Sahne, Kirschwürfeln, Mandeln und Schokolade garnieren. 30 Min. kalt stellen.

Tipp: Die nicht benötigten Eiweiße für Japonais-Böden oder Baiser verwenden.

⏱ Zubereitung: 15 Min.	⏱ Kühlzeit: 4 Std.
⏱ Backzeit: 1 Std.	Pro Stück ca.: 200 kcal

⏱ Zubereitung: 25 Min.	⏱ Kühlzeit: 2 Std. 30 Min.
	Pro Stück ca.: 725 kcal

Peppermint-Lady

Für 1 Springform von 26 cm Ø
(16 Stück)
Für den Rührteig:
250 g weiche Butter
200 g Zucker
4 Eier
1 TL frisch abgeriebene
Zitronenschale
350 g Mehl
1 Päckchen Backpulver
150 g Speisestärke
6 EL Milch
Für die Füllung:
5 Blatt weiße Gelatine
80 g Zucker
60 ml grüner Pfefferminzlikör
(ersatzweise Pfefferminz-Sirup)
500 g Sahne
10 frische Pfefferminz- oder
Zitronenmelisseblätter
Für die Verzierung:
400 g Sahne
2 Päckchen Sahnesteif
2 Päckchen Vanillezucker
2 Päckchen Schoko-
Pfefferminztaler
1 EL gehackte Pistazien
12 frische Pfefferminz- oder
Zitronenmelisseblätter
Backpapier für die Form

Variante

Die Torte schmeckt auch mit einer Himbeerfüllung (siehe Titelbild). Statt Pfefferminzlikör 7 EL Himbeersirup und insgesamt nur 50 g Zucker verwenden. Die Füllung zubereiten, wie im Rezept beschrieben. Statt der Minzblättchen 300 g TK-Himbeeren unter die Creme ziehen. Oder den Boden der Torte mit 600 g frischen Himbeeren belegen, dann mit der Creme bedecken. Die Torte fertigstellen und mit 100 g Raspelschokolade, einige Himbeeren oder Himbeersirup-Klecksen garnieren.

1. Den Backofen vorheizen. Die Backform mit Backpapier belegen. Butter und Zucker cremig rühren. Eier und Zitronenschale unterrühren. Mehl, Backpulver und Speisestärke mischen, mit der Milch unterrühren.

2. Den Teig in die Form füllen. Im Ofen bei 175° (Mitte, Umluft 160°) 1 Std. backen. Leicht abgekühlt aus der Form lösen, das Backpapier abziehen. Den Kuchen auf einem Kuchengitter gut auskühlen lassen.

3. Die Gelatine einweichen. Zucker und Pfefferminzlikör erhitzen, bis sich der Zucker gelöst hat und vom Herd nehmen. Die Gelatine gut ausdrücken und in der heißen Likörmischung auflösen. Leicht abkühlen lassen.

4. Die Sahne steif schlagen. Die Pfefferminz- oder Melisseblättchen in feine Streifen schneiden und unter die Sahne ziehen. Die Likörmischung löffelweise in die Sahne rühren.

5. Den Kuchen einmal quer durchschneiden. Den unteren Boden mit einem Tortenring umschließen. Die Likörsahne darauf gleichmäßig verstreichen. Den zweiten Boden auflegen. Die Torte 2 Std. kalt stellen.

6. Den Tortenring entfernen. Die Sahne mit Sahnesteif und Vanillezucker steif schlagen und die Torte rundum mit zwei Dritteln der Sahne bestreichen. Die übrige Sahne in einen Spritzbeutel füllen.

7. Den Rand der Torte mit einem Tortenkamm garnieren und mit Pfefferminztalern dekorieren. In die Mitte der Torte 8 kleine Sahnetupfer aufspritzen. Die Torte dünn mit Pistazien bestreuen. Am äußeren Rand 12 Sahnetupfer aufspritzen und jeweils mit 1 Pfefferminz- oder Melisseblatt sowie 1 Schoko-Pfefferminztaler garnieren. Die Torte 20 Min. kalt stellen.

Tipp

Sollten Sie keine frischen Pfefferminz- oder Melisseblätter bekommen, nehmen Sie für die Sahnefüllung einfach 2 EL gehackte Pistazien und für die Dekoration grüne Marzipan- oder Zuckergussblätter (Fertigprodukt aus dem Supermarkt).

Deko-Tipp

Statt die Torte mit frischen Blättchen von Zitronenmelisse oder Pfefferminze zu garnieren, kann man die Oberfläche auch mit Pfefferminzlikör oder -sirup beträufeln! Gerade im Winter eine tolle Variante, wenn frische Kräuter rar sind!

🕐 Zubereitung: 50 Min.

🕐 Backzeit: 1 Std.

🕐 Kühlzeit: 2 Std. 20 Min.

Pro Stück ca.: 525 kcal

Für 1 Springform von 26 cm Ø
(12 Stück)
Für den Rührteig:
250 g weiche Butter
200 g Zucker
4 Eier
2 TL Citro-Back
350 g Mehl
1 Päckchen Backpulver
150 g Speisestärke
4 EL Milch
Für die Füllung:
5 Blatt weiße Gelatine
5 Eigelbe
100 g Puderzucker
200 g Sahnequark (40 % Fett)
1 Päckchen Orange-Back
2 EL Orangensaft
400 g Sahne
**6 EL Orangenlikör (z. B. Cointreau,
Grand Marnier)**
**300 g runde Biskuitkekse mit
Orangencremefüllung und
Schokoüberzug**
Zum Beträufeln:
8 EL Orangensaft
8 EL Orangenlikör
Für die Verzierung:
400 g Sahne
2 Päckchen Sahnesteif
2 Päckchen Vanillezucker
1 Päckchen Orange-Back
**150 g kandierte Orangenscheiben
(ersatzweise frische Orangen in
Scheiben oder Weingummi)**
100 g gehackte Pistazien
Backpapier für die Form

Orangenlikör-Torte

1. Den Backofen vorheizen. Die Backform mit Backpapier belegen. Butter und Zucker cremig rühren. Eier und Citro-Back unterrühren. Mehl, Backpulver und Speisestärke mischen, mit der Milch unterrühren.

2. Den Teig in die Form füllen. Im Ofen bei 175° (Mitte, Umluft 160°) 1 Std. backen. Leicht abgekühlt aus der Form lösen, das Backpapier abziehen. Den Kuchen auf einem Kuchengitter gut auskühlen lassen.

3. Die Gelatine einweichen. Die Eigelbe mit Puderzucker schaumig rühren. Quark, Orange-Back und Orangensaft unterrühren. Sahne steif schlagen. Likör in einem Topf erwärmen. Gelatine ausdrücken und darin auflösen. Zunächst mit nur 4 EL Quarkcreme verrühren, dann unter die restliche Creme rühren. Die Sahne unterheben. Die Creme 10 Min. kalt stellen.

4. Den Rührteigboden einmal quer durchschneiden. Orangensaft und -likör mischen. Den unteren Boden mit der Hälfte der Mischung tränken. Mit einem Drittel der Creme bestreichen. Den zweiten Boden auflegen, mit der restlichen Flüssigkeit tränken. Ein Drittel der Orangencreme darauf verstreichen. Mit Orangenkeksen, die Schokoseite nach unten, dicht belegen, die Kekse leicht andrücken. Die restliche Creme gleichmäßig darauf verstreichen. Die Torte 2 Std. kalt stellen.

5. Die Sahne mit Sahnesteif, Vanillezucker und Orange-Back steif schlagen. Zwei Drittel der Sahne in einen Spritzbeutel füllen. Mit der restlichen Sahne den Rand der Torte bestreichen.

6. Die kandierten Orangenscheiben halbieren. Die Oberfläche der Torte mit der Sahne spiralförmig bespritzen. Mit Orangenscheiben und gehackten Pistazien garnieren. 4 Std. kühl stellen.

Deko-Tipp

Wenn Sie Limetten zur Hand haben, dekorieren Sie die Torte zusätzlich mit feinen Limettenzesten.
Generell schmücken Zitrus-, Orangen- oder Limettenzesten Torten auf sehr edle Weise. Verwenden Sie unbehandelte Früchte. Diese heiß waschen, trockentupfen und die Schale mit Hilfe eines Zestenreißers oder Sparschälers in feinen Streifen abziehen. Die Zesten vor Dekoration der Torte in ein kleines Sieb geben und 1–2 Min. in kochendem Wasser blanchieren, kalt abschrecken, evtl. trockentupfen.

⏱ Zubereitung: 1 Std.	⏱ Kühlzeit: 6 Std. 10 Min.
⏱ Backzeit: 1 Std.	Pro Stück ca.: 870 kcal

Für 1 Springform von 26 cm Ø
(12 Stück)
Für den Rührteig:
100 g Vollmilch-Schokolade
5 Eier, 80 g weiche Butter
100 g Zucker, 2 EL Rum
40 ml Baileys (Whiskeylikör)
200 g gemahlene Mandeln
1 TL Backpulver
Für die Füllung:
400 g Sahne
2 Päckchen Sahnesteif
2 Päckchen Vanillezucker
6 EL Baileys
Zum Beträufeln:
7 EL Baileys
Für die Verzierung:
6 EL Baileys, 6 Schokoblätter
3 EL Kakao
Backpapier für die Form

Baileys-Sahne-Torte

1. Den Backofen vorheizen. Die Backform mit Backpapier belegen. Die Schokolade klein hacken. Die Eier trennen, Eiweiße steif schlagen. Butter und Zucker cremig rühren. Eigelbe, Rum und Baileys unterrühren. Mandeln, Schokolade und Backpulver mischen, unterrühren. Den Eischnee unterheben.

2. Den Teig in die Form füllen. Im Ofen bei 175° (Mitte, Umluft 160°) 1 Std. backen. Leicht abgekühlt aus der Form lösen, das Backpapier abziehen und den Kuchen gut auskühlen lassen.

3. Die Sahne mit Sahnesteif und Vanillezucker steif schlagen. Den Baileys unterziehen. Den Kuchen mit Baileys beträufeln. Mit zwei Dritteln der Sahne rundum bestreichen.

4. Den Rest der Sahne in einen Spritzbeutel füllen. Die Torte mit 12 Sahnekreisen garnieren, jeden Kreis mit etwas Baileys füllen. Die Tortenmitte mit den Schokoblättern dekorieren. Den Rand der Torte mit einem Tortenkamm verzieren und dünn mit Kakao bestäuben. 2 Std. kalt stellen.

⏱ Zubereitung: 40 Min.	⏱ Kühlzeit: 2 Std.
⏱ Backzeit: 1 Std.	Pro Stück ca.: 490 kcal

Für 1 Springform von 26 cm Ø
(12 Stück)
Für den Biskuit:
4 Eier, 130 g Zucker
200 g gemahlene Haselnüsse
1 TL Backpulver
1 TL Zimtpulver
Für die Füllung:
400 g Sahne
2 Päckchen Sahnesteif
2 Päckchen Vanillezucker
50 g Raspelschokolade
3 EL Amaretto (Mandellikör)
Für den Guss:
125 g Zartbitter-Kuvertüre
Backpapier für die Form

Schneegestöber mit Amaretto

1. Den Backofen vorheizen. Die Backform mit Backpapier belegen. Die Eier trennen, die Eiweiße steif schlagen. Eigelbe, 3 EL warmes Wasser und Zucker schaumig rühren. Haselnüsse, Backpulver und Zimt mischen, unterrühren. Den Eischnee unterheben.

2. Den Teig in die Form füllen. Im Ofen bei 175° (Mitte, Umluft 160°) 25–30 Min. backen. Leicht abgekühlt aus der Form lösen, das Backpapier abziehen. Den Biskuit gut auskühlen lassen.

3. Die Sahne mit Sahnesteif und Vanillezucker steif schlagen. Raspelschokolade und Amaretto unterziehen. Den Biskuit rundum mit der Amaretto-Sahne bestreichen.

4. Die Kuvertüre schmelzen und etwas abkühlen lassen. Von der Mitte der Torte über die Sahne laufen lassen. Die Kuvertüre mit Hilfe einer Gabel in kreisenden Bewegungen in die Sahne ziehen. Die Torte 30 Min. kalt stellen.

⏱ Zubereitung: 30 Min.	⏱ Kühlzeit: 30 Min.
⏱ Backzeit: 30 Min.	Pro Stück ca.: 375 kcal

Dreikönigstorte

Für 1 Springform von 26 cm Ø (12 Stück)

Für den Biskuit:
8 Eier
250 g Zucker
300 g gemahlene Haselnüsse
abgeriebene Schale von 1/2 Zitrone
Für die Füllung:
1 Päckchen Mandel-Puddingpulver (zum Kochen für 500 ml Milch)
400 ml Milch
2 EL Zucker
200 g Sahne
1 Päckchen Sahnesteif
Zum Beträufeln:
6 EL Rumtopfflüssigkeit oder Anislikör (z. B. Sambuca)
Zum Bestreuen:
50 g gemahlene Haselnüsse
100 g kandierte Früchte (z. B. Ananas)
Für den Guss:
100 g Puderzucker
3 EL Zitronensaft
Für die Verzierung:
100 g Belegkirschen
100 g kandierte Früchte (z. B. Ananas)
Backpapier für die Form

Tipp

Den Pudding mit Frischhaltefolie abdecken und auskühlen lassen. So bildet sich keine »Haut«.

1. Den Backofen vorheizen. Die Backform mit Backpapier belegen. Eier trennen. Eiweiße steif schlagen. Eigelbe mit Zucker ca. 15 Min. schaumig schlagen. Haselnüsse und Zitronenschale mischen und unterheben. Eischnee unterziehen.

2. Den Teig in die Form füllen, glatt streichen. Im Ofen bei 175° (Mitte, Umluft 160°) 50 Min. backen. Leicht abgekühlt aus der Form lösen, das Backpapier abziehen. Boden auf einem Kuchengitter auskühlen lassen.

3. Aus Puddingpulver, Milch und Zucker nach Packungsangaben einen Pudding kochen. 2 Std. auskühlen lassen, dabei immer wieder durchrühren, damit sich keine Haut bildet.

4. Die Sahne mit Sahnesteif steif schlagen und unter den kalten Mandelpudding rühren. 30 Min. kühl stellen.

5. Den Kuchen einmal quer durchschneiden. Den unteren Tortenboden mit einem Tortenring umschließen und mit dem Likör beträufeln. Die Mandelsahne darauf gleichmäßig glatt streichen und mit Haselnüssen und kandierten Früchten bestreuen. Den zweiten Boden auflegen und leicht andrücken. Die Torte 2 Std. kühl stellen.

6. Tortenring entfernen. Puderzucker mit Zitronensaft zu einer geschmeidigen Masse verrühren und die Torte komplett mit dem Guss überziehen.

7. 6 Belegkirschen beiseite legen, den Rest in kleine Würfel schneiden. Den äußeren Rand der Torte 2 cm breit mit Kirschen bestreuen. Einen weiteren Ring mit kandierten Früchten bestreuen. Die beiseite gelegten Kirschen halbieren und die Mitte der Torte damit garnieren.

Deko-Tipp

Die Torte in der Weihnachts- oder Adventszeit mit einem Guss aus weißer Kuvertüre überziehen und mit Weihnachtsmotiven dekorieren. Zum Beispiel mit kleinen Weihnachtsmännern, Engeln, Tannenbäumchen, Lebkuchen, Weihnachtsplätzchen u.ä.

Zubereitung: 55 Min.
Backzeit: 50 Min.
Kühlzeit: 4 Std. 30 Min.
Pro Stück ca.: 540 kcal

Für 1 Springform von 26 cm Ø
(12 Stück)
Für den Rührteig:
100 g Zartbitter-Kuvertüre
5 Eier
80 g Butter
100 g Zucker
200 g gemahlene Mandeln
1 TL Backpulver
6 EL Eierlikör
Für die Füllung:
3 Eigelbe
120 g Butter
125 g Puderzucker
1 Päckchen Vanillezucker
2 EL Rum
175 ml Eierlikör
10 Blatt weiße Gelatine
600 g Sahne
250 g Schoko-Waffelröllchen
Für die Verzierung:
4 EL Puderzucker
2 EL Eierlikör
**10 Schokoladeneier oder -kugeln,
gefüllt mit Eierlikör**
Backpapier für die Form

Einkaufs-Tipp

Eierlikör wird auch in kleinen
Flaschen mit 0,1 und 0,35 l angeboten.

Eierflip-Torte

1. Den Backofen vorheizen. Die Backform mit Backpapier belegen. Die Kuvertüre im Wasserbad schmelzen und etwas abkühlen lassen. Die Eier trennen, die Eiweiße steif schlagen. Butter und Zucker cremig rühren. Die Eigelbe unterrühren. Mandeln mit Backpulver mischen, mit der flüssigen Schokolade unterrühren. Eischnee und Eierlikör unterheben.

2. Den Teig in die Form füllen. Im Ofen bei 175° (Mitte, Umluft 160°) 45 Min. backen. Leicht abgekühlt aus der Form lösen, das Backpapier abziehen. Den Kuchen auf einem Kuchengitter gut auskühlen lassen.

3. Für die Füllung Eigelbe mit Butter cremig rühren. Puderzucker, Vanillezucker und Rum unterrühren. Den Eierlikör unter Rühren in dünnem Strahl hinzufügen und unterrühren.

4. Gelatine einweichen, nach Packungsangaben auflösen und etwas abkühlen lassen. Die Sahne steif schlagen, die Gelatine unterziehen. Unter die Buttercreme rühren.

5. Den Kuchen mit einem Tortenring umschließen. Auf dem Boden am Rand entlang die Schoko-Waffelröllchen dicht nebeneinander aufstellen, abwechselnd mit der Schokoseite nach unten und nach oben. Die Sahnecreme einfüllen und die Oberfläche mit einem Tortenkamm garnieren. Die Torte über Nacht kalt stellen.

6. Vor dem Servieren den Tortenring entfernen. Die Torte mit Puderzucker bestreuen und mit Eierlikörklecksen und Schokoladeneiern oder -kugeln garnieren.

Deko-Tipps

Diese Torte schmeckt an Ostern – als Ostertorte mit Eiern, kleinen Osterhäschen oder Küken garniert – besonders gut. Eine tolle Festtagstorte!
Oder eine Überraschungstorte, ein tolles Mitbringsel: Mit kleinen Sonnenblumenblüten und -blättern dekorieren. Die Torte auf einer Tortenpappe auf gelbes oder grünes Tonpapier setzen.

⏱ Zubereitung: 50 Min.	⏱ Kühlzeit: 12 Std.
⏱ Backzeit: 45 Min.	Pro Stück ca.: 775 kcal

Für 1 Springform von 26 cm Ø
(12 Stück)
Für den Mürbeteig:
250 g Mehl
1 TL Backpulver
100 g kalte Butter in Flöckchen
75 g Zucker
1 Ei
Für den Belag:
1 kg säuerliche Äpfel (z.B. Boskoop oder Cox Orange)
10 EL Zitronensaft
Für die 1. Füllung:
2 Päckchen Vanille-Puddingpulver (zum Kochen für je 500 ml Milch)
500 ml Apfelsaft
500 ml trockener Weißwein
175 g Zucker
1 Päckchen Vanillezucker
Für die 2. Füllung:
200 g Sahne
1 Päckchen Sahnesteif
1 Päckchen Vanillezucker
100 ml Eierlikör
Für die Verzierung:
1 Apfel
1 TL Zitronensaft
Backpapier für die Form

Eierlikör-Apfel-Torte

1. Das Mehl mit Backpulver in eine Schüssel sieben. Mit Butter, Zucker und Ei rasch verkneten. Den Teig in Frischhaltefolie wickeln und 30 Min. kühl stellen.

2. Die Äpfel schälen, das Kerngehäuse entfernen. Die Äpfel vierteln und jeweils dreimal mit einem Messer der Länge nach einritzen. Mit Zitronensaft beträufeln.

3. Die Backform mit Backpapier belegen. Den Teig ausrollen und in die Form legen. Den Teigboden mit den Apfelstücken dicht belegen. Den Backofen vorheizen.

4. Aus Puddingpulver, Apfelsaft, Wein, Zucker und Vanillezucker nach Packungsangaben einen Pudding kochen. Noch heiß auf den Äpfeln verstreichen.

5. Die Apfeltorte im Ofen bei 175° (Mitte, Umluft 160°) 1 Std. backen. In der Form abkühlen lassen. Aus der Form lösen und am besten über Nacht auf einem Kuchengitter auskühlen lassen.

6. Die Sahne mit Sahnesteif und Vanillezucker steif schlagen. Wolkenartig auf der Torte verteilen. Den Eierlikör in einen Gefrierbeutel füllen, eine winzige Ecke abschneiden und den Likör in dünnen Linien über die Sahne träufeln.

7. Kurz vor dem Servieren den Apfel waschen und abtrocknen, nicht schälen. Dünn in ganze Scheiben schneiden, das Kerngehäuse nicht entfernen. Die Apfelscheiben mit Zitronensaft beträufeln, abtropfen lassen und die Torte damit garnieren.

Tipp

Wer mag, kann die gebackene Torte mit 4 EL Calvados (französischer Apfelschnaps) beträufeln und erst dann mit Sahne bestreichen.

Deko-Tipp

Schneiden Sie aus grünem Tonpapier einen übergroßen Apfel mit Stiel und Blatt aus und servieren Sie die Apfeltorte auf dieser originellen Tortenunterlage. Zwischen Torte und Tonpapier eine Tortenpappe legen!

Zubereitung: 50 Min.	Kühlzeit: 12 Std. 30 Min.
Backzeit: 1 Std.	Pro Stück ca.: 415 kcal

Für 1 Springform von 28 cm Ø
(16 Stück)
Für den Mürbeteig:
300 g Mehl
200 g kalte Butter in Flöckchen
100 g Zucker, 1 Ei
50 g gemahlene Mandeln
1 TL Zimtpulver
Für die Füllung:
4 Eier
110 g Zucker
3 Blatt weiße Gelatine
400 ml Weißwein
3 EL Zitronensaft
40 g Speisestärke
Für den Belag:
600 g kernlose Trauben
Für die Verzierung:
50 g Mandelblättchen
Pergamentpapier, 500 g Hülsen-
früchte zum Blindbacken
Backpapier für die Form

Winzertorte

1. Mehl, Butter, Zucker, Ei, Mandeln und Zimt verkneten. In
Frischhaltefolie wickeln und 30 Min.
kalt stellen.

2. Den Backofen vorheizen. Die
Backform mit Backpapier belegen. Den Teig zwischen Frischhaltefolie ausrollen und in die Form legen,
dabei einen 1 cm hohen Rand formen.
Den Teigboden mit Pergamentpapier
belegen und die Hülsenfrüchte darauf
verteilen.

3. Im Ofen bei 175° (Mitte, Umluft
160°) 35–40 Min. backen. In der
Form auskühlen lassen, Pergamentpapier und Hülsenfrüchte entfernen.

4. Die Eier trennen. Eiweiße steif
schlagen, 30 g Zucker einrieseln
lassen. Die Gelatine einweichen. Die
Eigelbe mit Weißwein, dem restlichen
Zucker, Zitronensaft und Speisestärke
erhitzen und einmal aufkochen lassen.
Die Gelatine darin auflösen, abkühlen,
dann den Eischnee unterheben.

5. Die Trauben waschen, 12 Trauben für die Dekoration beiseite
legen. Den Boden mit einem Tortenring umschließen und mit den restlichen Trauben dicht belegen. Die Weincreme darauf verstreichen, mit einem
Tortenkamm zackenförmig verzieren.
Mit Mandelblättchen bestreuen und
mit Trauben garnieren. Die Torte
4 Std. kalt stellen.

⏱ Zubereitung: 45 Min.	⏱ Kühlzeit: 4 Std. 30 Min.
⏱ Backzeit: 40 Min.	Pro Stück ca.: 324 kcal

Für 1 Springform von 26 cm Ø
(12 Stück)
Für den Biskuit:
4 Eier, 225 g Zucker
2 Päckchen Vanillezucker
4 EL Rum
50 g Löffelbiskuits
60 g Mehl, 60 g Speisestärke
1 TL Backpulver
15 g Kakao
Für die Füllung:
500 g Sahne
3 Päckchen Sahnesteif
50 g Puderzucker
4 EL Rum
Für die Verzierung:
4 EL Kakao
Backpapier für die Form

Rum-Sahne-Torte

1. Den Backofen vorheizen. Die
Backform mit Backpapier belegen. Die Eier trennen, Eiweiße steif
schlagen. Eigelbe, 2 EL heißes Wasser,
Zucker und Vanillezucker schaumig
rühren. Den Rum dazu geben. Die
Löffelbiskuits zerbröseln, mit Mehl,
Speisestärke, Backpulver und Kakao
mischen und unter die Eicreme
rühren. Den Eischnee unterziehen.

2. Den Teig in die Form füllen. Im
Ofen bei 175° (Mitte, Umluft
160°) 30 Min. backen. Aus der Form
lösen und gut auskühlen lassen.

3. Die Sahne mit Sahnesteif und
Puderzucker steif schlagen. Den
Rum einrühren. Den Biskuit zweimal
quer durchschneiden. Den unteren
Boden mit einem Drittel der Sahne
bestreichen. Den zweiten Boden auflegen, mit einem Drittel der Sahne bestreichen. Abschließend den dritten
Boden auflegen.

4. Die Torte rundum wolkenartig
mit der restlichen Sahne bestreichen. 2 Std. kalt stellen. Vor dem Servieren dünn mit Kakao bestäuben.

⏱ Zubereitung: 30 Min.	⏱ Kühlzeit: 2 Std.
⏱ Backzeit: 30 Min.	Pro Stück ca.: 335 kcal

Rotwein-Sahne-Torte

Für 1 Springform von 26 cm Ø
(12 Stück)
Für den Rührteig:
100 g Vollmilch-Schokolade
250 g weiche Butter
250 g Zucker
4 Eier
250 g Mehl
3 TL Backpulver
1 TL Zimtpulver
1 TL Kakao
125 ml Rotwein
Für die Füllung:
8 Blatt rote Gelatine
250 ml Rotwein
1 Päckchen Citro-Back
3 EL Johannisbeergelee
500 g Sahne
6 EL Puderzucker
1 Päckchen Citro-Back
Für die Verzierung:
4 EL Johannisbeergelee
2 EL Johannisbeerlikör
3 EL Schokostreusel
12 Zuckerblümchen
(Fertigprodukt, wer mag)
Backpapier für die Form

1. Den Backofen vorheizen. Die Backform mit Backpapier belegen. Die Schokolade fein hacken. Butter mit Zucker cremig rühren. Die Eier einzeln unterrühren. Mehl, Backpulver, Zimt und Kakao mischen, unterrühren. Den Rotwein nach und nach einrühren. Die Schokolade unterheben.

2. Den Teig in die Form füllen und glatt streichen. Im Ofen bei 175° (Mitte, Umluft 160°) 1 Std. backen. Leicht abgekühlt aus der Form lösen, das Backpapier abziehen. Den Kuchen auf einem Kuchengitter gut auskühlen lassen.

3. Die Gelatine einweichen. Den Rotwein mit Citro-Back und Johannisbeergelee verquirlen und erhitzen. Einmal aufkochen lassen, vom Herd nehmen. Die Gelatine ausdrücken und im Johannisbeer-Rotwein auflösen. Etwas abkühlen lassen.

4. Die Sahne mit Puderzucker und Citro-Back steif schlagen. Den Johannisbeer-Rotwein löffelweise unterrühren. 20 Min. kalt stellen.

5. Den Kuchen mit einem Tortenring umschließen. Mit der Rotweinsahne bestreichen. Mit einem Esslöffel kleine Vertiefungen in die glatte Tortenoberfläche drücken. Das Johannisbeergelee mit dem Johannisbeerlikör glatt rühren und die Vertiefungen damit füllen. Die Torte 2 Std. kalt stellen.

6. Den Tortenring entfernen und den Rand der Torte mit Schokostreuseln garnieren. Die Oberfläche am Rand ebenfalls mit Schokostreuseln und Zuckerblümchen dekorieren.

Tipp

Anstelle eines Tortenrings können Sie auch den Rand der verwendeten Springform verwenden. Um diesen vor dem Servieren wieder gut von der Torte lösen zu können, legen Sie zwischen Torte und Springformrand einen Streifen Backpapier oder Frischhaltefolie!

Tipp

Es werden verschiedene Fertigprodukte zum Verzieren von Torten angeboten (Backregal) wie z. B. Zuckerblümchen, Schokoblätter, Marzipanblätter oder -blumen. Das macht es einfach, die Torte immer wieder neu zu garnieren. Oder dekorieren Sie die Torte doch mal mit Früchten aus dem Rumtopf!

⏲ Zubereitung: 55 Min.	⏲ Kühlzeit: 2 Std. 20 Min.
⏲ Backzeit: 1 Std.	Pro Stück ca.: 590 kcal

Für 1 Springform von 26 cm Ø
(12 Stück)
Für die Füllung:
**1 Päckchen Schokoladen-Pudding-
pulver (zum Kochen für 500 ml
Milch)**
450 ml Milch
250 g weiche Butter
200 g Puderzucker
12 EL Baileys (Whiskeylikör)
180 g Butterkekse
Für den Rührteig:
250 g weiche Butter
200 g Zucker
1 Päckchen Vanillezucker
4 Eier
250 g Mehl
1/2 Päckchen Backpulver
Für den Belag:
100 g Vollmilch-Kuvertüre
100 g Zartbitter-Kuvertüre
150 g weiche Butter
3 sehr frische Eier
1 Päckchen Vanillezucker
Für die Verzierung:
200 g Sahne
1 Päckchen Sahnesteif
1 Päckchen Vanillezucker
2 EL Baileys
1 kleine Rolle Smarties
Backpapier für die Form

Tipp

Für Tortencremes grundsätzlich
immer sehr frische Eier verwenden! Außerdem die Torten immer
gut kühlen. Gerade im Sommer
sind dafür die im Fachhandel
erhältlichen Tortenplatten mit
Kühlakkus sehr empfehlenswert.

Schoko-Torte mit Schuss

1. Aus Puddingpulver und Milch nach Packungsangaben einen Pudding kochen. Auf Zimmertemperatur abkühlen lassen, dabei gelegentlich umrühren. Den Backofen vorheizen. Die Backform mit Backpapier belegen.

2. Für den Rührteig die Butter, den Zucker und Vanillezucker cremig rühren. Die Eier einzeln unterrühren. Mehl mit Backpulver mischen, unterziehen. Den Teig in die Form füllen. Im Ofen bei 180° (Mitte, Umluft 160°) 50–60 Min. backen. Leicht abgekühlt aus der Form lösen, das Backpapier abziehen. Auf einem Kuchengitter auskühlen lassen.

3. Für die Füllung Butter und Puderzucker cremig rühren. Den Pudding löffelweise unterrühren. Den Kuchen mit einem Tortenring umschließen und mehrfach mit einer Gabel einstechen. Mit 6 EL Baileys beträufeln.

4. Mit der Hälfte der Buttercreme bestreichen. Mit einer Lage Butterkekse belegen und die Kekse mit 6 EL Baileys beträufeln. Die restliche Creme darauf verstreichen, wiederum mit Butterkeksen bedecken. 1 Std. kalt stellen.

5. Vollmilch- und Zartbitter-Kuvertüre schmelzen und etwas abkühlen lassen. Butter, Eier und Vanillezucker mit der Kuvertüre verrühren. Den Tortenring entfernen. Die Torte rundum mit der Schokocreme bestreichen. 2 Std. kalt stellen.

6. Die Oberfläche der Torte mit einem Tortenkamm zickzackförmig verzieren und weitere 3 Std. kalt stellen.

7. Die Sahne mit Sahnesteif und Vanillezucker steif schlagen. In einen Spritzbeutel füllen und die Torte mit kleinen Sahnetupfern verzieren. Mit Baileys-Klecksen und Smarties garnieren.

Deko-Tipp

Servieren Sie die Torte auf einem Silber- oder Metalltablett mit weißem Spitzenpapier belegt und stilvoll dekoriert!

Zubereitung: 1 Std. 10 Min.	Kühlzeit: 6 Std.
Backzeit: 1 Std.	Pro Stück ca.: 990 kcal

Kirschlikörtorte

Für 1 Springform von 28 cm Ø
(16 Stück)
Für den Rührteig:
200 g Kirschlikör-Pralinen
250 g weiche Butter
250 g Zucker
4 Eier
1 Päckchen Vanillezucker
400 g Mehl
1 Päckchen Backpulver
100 g gemahlene Mandeln
100 g Raspelschokolade
Für die Füllung:
400 g Sahne
2 Päckchen Sahnesteif
2 Päckchen Vanillezucker
20 ml Kirschlikör
Zum Beträufeln:
20 ml Kirschlikör
Für die Verzierung:
400 g Sahne
2 Päckchen Sahnesteif
2 Päckchen Vanillezucker
8 Kirschlikör-Pralinen
2 EL Raspelschokolade
Backpapier für die Form

1. Den Backofen vorheizen. Die Backform mit Backpapier belegen. Die Pralinen im Wasserbad schmelzen lassen. Butter, Zucker, Eier und Vanillezucker cremig rühren. Mehl, Backpulver, Mandeln und Raspelschokolade mischen, unterrühren. Anschließend die geschmolzene Likör-Schokolade unterziehen.

2. Den Teig in die Form füllen und glatt streichen. Im Ofen bei 175° (Mitte, Umluft 160°) 1 Std. backen. Leicht abgekühlt aus der Form lösen, das Backpapier abziehen. Den Kuchen auf einem Kuchengitter gut auskühlen lassen.

3. Für die Füllung die Sahne mit Sahnesteif und Vanillezucker steif schlagen und den Kirschlikör unterziehen. Den Kuchen einmal quer durchschneiden.

4. Den unteren Boden mit Kirschlikör beträufeln und mit der Kirschsahne bestreichen. Den zweiten Boden auflegen.

5. Die Sahne mit Sahnesteif und Vanillezucker steif schlagen. Die Torte rundum mit der Hälfte der Sahne bestreichen. Die restliche Sahne in einen Spritzbeutel füllen. Von der Tortenmitte nach außen gleichmäßig 8 Sahnestreifen aufspritzen. Dazwischen leicht schräg jeweils 1 Praline platzieren. Die Torte mit Raspelschokolade bestreuen. 2 Std. kalt stellen.

Deko-Variante

Die Oberfläche der Torte mit Kirschlikör beklecksen und mit Kirschen – zur Saison frische Kirschen mit Stiel – garnieren!

Tipp

Sollte die Zeit mal knapp sein, einen fertigen Rührteig- oder Sandkuchenboden verwenden. Füllen und dekorieren wie beschrieben.

⏲ Zubereitung: 40 Min.	⏲ Kühlzeit: 2 Std.
⏲ Backzeit: 1 Std.	Pro Stück ca.: 600 kcal

Tipps und Tricks

Know-how für Tortenbäcker

Damit die Torten auch garantiert gelingen, empfehlen wir Ihnen, beim Nachbacken der Rezepte aus diesem Buch die angegebenen Mengen der einzelnen Zutaten, Backzeiten und -temperaturen genau einzuhalten. Denn schon 1 TL zu viel Backpulver, 2 EL zu viel Milch oder Wasser oder das Verrühren der Zutaten in anderer Reihenfolge kann zu einem misslungenen Backergebnis führen.

Was nicht im Rezept steht

Verwenden Sie Weizenmehl Type 405 oder 1050. Verwenden Sie genau die angegeben Menge Backpulver: Zuviel Backpulver lässt den Kuchen wunderbar aufgehen, doch am Ende der Backzeit fällt er wieder in sich zusammen.

Eier werden in verschiedenen Gewichtsklassen angeboten. Für die Rezepte in diesem Buch sind Eier der Klasse M optimal.

Ob Sie die Formen mit Backpapier belegen oder dünn mit Butter oder Margarine fetten, ist Geschmacksache. Hefeteig und Mürbeteigböden backen allerdings besser in gefetteten Formen. Bei manchen Formen empfiehlt es sich, sie nach dem Fetten zusätzlich mit Semmelbröseln, gemahlenen Nüssen oder Sesam auszustreuen, damit sich der Kuchen nach dem Backen besser löst.

Damit die Kuchen beim Lösen aus der Form nicht brechen, nach dem Backen zunächst etwas abkühlen lassen und erst dann aus der Form nehmen. Auf ein Kuchengitter stürzen, das Backpapier abziehen, und den Kuchen gut auskühlen lassen.

Kuchenteige

Rührteig

➤ Gelingt am besten, wenn alle Zutaten Zimmertemperatur haben. Fett, Eier und Milch rechtzeitig aus dem Kühlschrank nehmen.

➤ Damit der Kuchen auf der Zunge zergeht, Butter oder Margarine mit dem Zucker immer so lange verrühren, bis sich der Zucker gelöst hat – 5 bis 10 Min.

➤ Die Eier am besten zügig und einzeln unterrühren.

➤ Rührteige nach Mehlzugabe nur noch kurz verrühren, damit der Teig locker bleibt und beim Backen schön aufgehen kann.

➤ Rührteig nach der Zubereitung sofort in die Form füllen und backen. Wenn sie zu lange stehen, besteht die Gefahr, dass der Kuchen zu trocken wird.

Biskuit

➤ Biskuitteige gelingen am besten, wenn man ganz frische Eier und gesiebtes Mehl verwendet. Die Eier sollten Zimmertemperatur haben.

➤ Eischnee und Mehl am besten immer mit einem Schneebesen unterziehen, statt sie mit dem Handrührgerät unterzurühren.

➤ Biskuitteige mit bis zu 4 Eiern gelingen auch, wenn Sie die Eier nicht trennen, um den Eischnee zum Schluss unterzuheben. Sie können Eigelbe und Eiweiße mit dem Zucker schaumig schlagen.

➤ Biskuitteige immer rasch zubereiten und dann sofort backen.

➤ Den gebackenen Biskuit vor dem Teilen am besten über Nacht auskühlen lassen, wenn Sie die Zeit haben. Schön gleichmäßig wird der Boden mit Hilfe eines Zwirns geteilt. Den Boden rundum mit einem Messer einritzen, den Zwirn um den Einschnitt legen, die Enden überkreuzen und fest anziehen.

Mürbeteig

➤ Eine Gelinggarantie für Mürbeteig sind Kühlschrank kalte Zutaten und schnelles Arbeiten.

➤ Wenn der Mürbeteig »ölig« ist, eiskaltes Wasser unterkneten. Kein Mehl!

➤ Besonders einfach kann man Mürbeteig zwischen zwei Lagen Klarsichtfolie ausrollen.

Baiser

➤ Bei der Zubereitung von Baiser darauf achten, dass die Arbeitsgeräte vollkommen fettfrei sind. Die Eiweiße steif schlagen und den Zucker nach und nach einrieseln lassen.

➤ Baiserböden gelingen am besten, wenn sie auf Backpapier oder Alufolie bei schwacher Hitze im Ofen trocknet.

➤ Baiser ist fertig, wenn die Oberfläche eine schöne goldbraune Färbung hat.

Tipps und Tricks für Tortenbäcker

Butter oder Margarine

Prinzipiell können Sie nach Gusto entscheiden, ob Sie die Teige mit Butter oder Margarine zubereiten. Wenn Sie Butter verwenden, ziehen Sie Süßrahmbutter einer Sauerrahmbutter vor.

Blindbacken

Wenn Mürbeteigtorten mit Früchten oder einer dünnflüssigen Füllung gebacken werden sollen, ist es erforderlich, den Mürbeteigboden vor dem Belegen oder Füllen vorzubacken. Dadurch bleibt der Boden knusprig und die Füllung weicht ihn nicht durch. Man nennt das Blindbacken. Den Mürbeteig in der Form mit Backpapier belegen und getrocknete Hülsenfrüchte darauf verteilen. Den Boden 10–15 Minuten backen. Die Hülsenfrüchte und das Backpapier wieder entfernen und den Boden belegen bzw. füllen, wie im Rezept beschrieben. Fertig backen.

Backpulver

Backpulver am besten immer mit Mehl gemischt zum Teig geben. Und Teige mit Backpulver immer sofort backen, sonst verliert das Backpulver seine Triebkraft.

Kekse und Biskuits zerbröseln

Am einfachsten lassen sich Kekse und Biskuits zerbröseln, wenn Sie das Gebäck in einen Gefrierbeutel geben, diesen gut und ohne größeren Lufteinschluss verschließen. Mit einem Nudelholz darüber rollen, bis die Brösel fein zerkrümelt sind.

Brauner Zucker

Brauner Zucker süßt nicht ganz so stark wie weißer Haushaltszucker. Wenn Sie die im Rezept angegebene Menge braunen Zucker durch weißen ersetzen, schmeckt die Torte süßer.

Eischnee schlagen

➤ Eiweiß wird nur fest, wenn die Schüssel und die Schneebesen des Handrührgeräts absolut fettfrei sind. Die Eier immer sauber trennen, denn auch Eigelb verhindert, dass sich das Eiweiß steif schlagen lässt.

➤ Beim Schlagen von Eischnee immer nur so lange rühren, bis die Eiweiße schnittfest sind. Sonst fällt er rasch wieder in sich zusammen.

Creme mit frischen Eiern

Wenn die Füllung oder der Guss der Torte mit frischen Eiern zubereitet und nicht gebacken wird, immer sehr frische Eier verwenden. Die Torte stets gut kühlen und bald verzehren.

Schokolade im Wasserbad schmelzen

Wasser heiß werden lassen. Die klein gehackte Schokolade in eine Schüssel, am besten aus Edelstahl, oder ein Glasgefäß geben und ins Wasser stellen. Es darf aber kein Wasser in die Schokolade laufen. Die Schokolade im Wasserbad unter Rühren schmelzen lassen.

Schokolade reiben

Schokolade immer gut gekühlt auf der Handreibe oder mit der Küchenmaschine reiben. Je nach Rezept und Fingerfertigkeit kann man die Schokolade auch mit einem großen Messer in feine Stücke hacken.

Marzipan

Marzipanrohmasse ist meist sehr weich. Wenn sie für Rührteige und Cremes gerieben werden soll, legen Sie sie zuvor 2 Std. in den Kühlschrank. Dadurch wird das Mazipan etwas fester und lässt sich prima reiben.

Gelatine

➤ Blattgelatine in kaltem Wasser etwa 5 Minuten einweichen, danach tropfnass bei milder Hitze auflösen. Die Gelatine nie köcheln lassen, sonst verliert sie ihre Gelierkraft!

➤ Die aufgelöste Gelatine kann direkt in warme Flüssigkeiten/Cremes eingerührt werden.

➤ Wenn die Gelatine kalten Massen zugegeben werden soll, zunächst mit einigen Esslöffeln Creme verrühren und dann in die restliche Creme einrühren. Rührt man die aufgelöste Gelatine direkt in kalte Cremes, entstehen Klümpchen bzw. die warme Gelatine zieht in der kalten Creme Schlieren und die Creme geliert nicht.

Pudding für Buttercremes

➤ Butter und Pudding müssen etwa die gleiche Temperatur haben, wenn sie verrührt werden, am besten Zimmertemperatur. Die Butter rechtzeitig aus dem Kühlschrank nehmen, den Pudding gut auskühlen lassen.

➤ Damit sich auf dem Pudding keine Haut bildet, den gekochten Pudding zum Abkühlen mit Frischhaltefolie abdecken. Die Folie leicht auf die Puddingoberfläche drücken.

Karamell und Krokant

➤ Den Zucker zum Karamellisieren gleichmäßig in einer beschichteten Pfanne verteilen. Bei schwacher bis mittlerer Hitze langsam schmelzen lassen, nicht umrühren. Goldbraun werden lassen. Nicht zu stark erhitzen, sonst schmeckt der Karamell bitter.

➤ Für Krokant den Zucker auf gleiche Weise schmelzen lassen. Die Nüsse hinzufügen, unterrühren und die Pfanne vom Herd nehmen. Auf leicht geöltes Backpapier gießen und erkalten lassen. Vor der Weiterverarbeitung vorsichtig zerstoßen.

Sahne steif schlagen

Sahne lässt sich nur gut gekühlt steif schlagen. Deswegen besonders im Sommer darauf achten, dass die Sahne vor dem Schlagen mindestens 6 Std. im Kühlschrank stand.

Torten aufbewahren

➤ Die Torten nach der Fertigstellung zugedeckt im Kühlschrank aufbewahren. Am besten unter Kuchenhauben oder in Folie eingeschlagen.

➤ Viele Torten schmecken noch besser, wenn Sie bereits am Vortag zubereitet werden. Sie können dann über Nacht im Kühlschrank ihr Aroma voll entfalten. Und die Kuchenböden werden saftiger.

➤ Mürbeteigböden, die erst nach dem Backen belegt werden, schmecken am zweiten Tag besser als am Backtag.

➤ Torten mit einer Füllung, die mit Hilfe von Gelatine zubereitet wurden, nicht einfrieren! Die Gelatine verliert beim Auftauen ihre Gelierkraft und die Creme zerläuft.

➤ Eistorten dürfen nach dem Servieren nicht wieder eingefroren werden. Die Torte am besten vor dem Gefrieren in Viertel oder Stücke schneiden und dann portionsweise entnehmen.

Backofen

Ober- und Unterhitze

Alle Temperatur- und Zeitangaben im Buch beziehen sich auf Backen mit Ober- und Unterhitze. Das Vorheizen ist dabei unerlässlich.

Backen mit Umluft

Die entsprechende Umlufttemperatur ist etwa 10 Prozent geringer und ist in jedem Rezept in Klammern angegeben. Beim Backen mit Umluft kann auf das Vorheizen verzichtet werden. Bei sehr kurzen Backzeiten ist das Vorheizen allerdings empfehlenswert.

Gasherde

Die Temperaturen bei Gasherden variieren von Hersteller zu Hersteller. Welche Stufe Ihres Herdes der jeweils angegebenen Temperatur entspricht, entnehmen Sie bitte der Gebrauchsanweisung Ihres Herdes.

Backtemperaturen

Bei allen Herden kann es zu herstellerbedingten Abweichungen der Backtemperatur kommen. Deswegen ist es empfehlenswert, eine Garprobe schon kurz vor Ende der Garzeit zu machen und in jedem Fall bevor man den Kuchen aus dem Ofen nimmt.

Einschubleiste

Bei allen Rezepten in diesem Buch ist die optimale Einschubhöhe angegeben. Als Faustregel gilt: Hohe Kuchen und Torten in der Backform auf einem Gitter unten backen, flache Kuchen wie Mürbeteigböden oder Blechkuchen in der Mitte und Kleingebäck in der oberen Einschubleiste.

Garprobe

Ein Holzstäbchen in der dicksten Stelle des Kuchens – am besten in der Mitte des Kuchens – einstechen und wieder herausziehen. Klebt Teig am Stäbchen, den Kuchen noch kurze Zeit weiterbacken.

Deko-Tipps

Schokoladige Dekorationen

Schokoladenröllchen

Schokolade oder Kuvertüre im Wasserbad schmelzen, dünn auf ein Backblech gießen und nach dem Erstarren mit einem Plastik- oder Metallspatel feine Röllchen abschaben. Sie können auch einen Pfannenwender aus Metall dafür verwenden. Schokoladenröllchen sind eine klassische Dekoration für Sahnetorten.

Schokoladenflocken

Mindestens so gut wie gekaufte Schokoladenraspel sind selbst geschabte Schokoflocken: mit einem Gemüseschäler von der schmalen Seite einer Schokoladentafel Flocken bzw. Röllchen abhobeln. Gelingt noch besser, wenn die Schokolade oder Kuvertüre aus dem Kühlschrank kommt.

Schokoladenmotive

Schokolade grob zerkleinern und im Wasserbad schmelzen. Die flüssige Masse in eine Tortenspritze oder einen Gefrierbeutel füllen und beliebige Motive, Zahlen oder Buchstaben auf ein mit Backpapier ausgelegtes Blech spritzen. Anschließend kalt stellen und fest werden lassen. Bis zur Verwendung im Kühlschrank – in einem gut schließenden Behälter – aufbewahren.

Schokoladenglasur

Eine gute Alternative zu fertiger Kuvertüre aus dem Backregal: 1 Tafel Schokolade – ganz nach Geschmack weiße Schokolade, Vollmilch-, Zartbitter- oder Nuss-Schokolade – im Wasserbad schmelzen. 1/2 Würfel Kokosfett (Palmin) unterrühren. Durch das Kokosfett erhält der Schokoüberzug einen besonders schönen Glanz. Mit Hilfe eines langen, breiten Messers oder ganz professionell einer Palette die Schokolade gleichmäßig auf der Torte verstreichen und anschließend trocknen lassen.

Kuvertüre-Spielereien

Etwas Kuvertüre in einem Gefrierbeutel im Wasserbad schmelzen lassen. Eine kleine Ecke des Gefrierbeutels abschneiden und wie einen Spritzbeutel verwenden: die Kuvertüre in dünnen Linien auf die Torte aufspritzen. Oder nach Belieben und Geschick kreuz und quer, in Kreisen oder Spiralen, als kleine Ornamente, Herzchen, Blumen oder andere Muster auftragen. Auch Namen oder einen Text können Sie damit auf Torten schreiben.

Sahnige Dekorationen

Für Torten mit Schoko-Überzug

Auf dunkler Schokolade machen sich Dekorationen aus steif geschlagener Sahne besonders gut. Dafür 200 g Sah-

ne mit je 1 Päckchen Sahnesteif und Vanillezucker steif schlagen und in eine Tortenspritze füllen. Kurz vor dem Servieren Sahnetupfer, Girlanden, Kreise oder andere Muster auf die Kuvertüre aufspritzen. Alternativ kann man auch Dekorationen aus flüssigem Puderzucker (siehe Deko-Tipp) aufspritzen. Diese sind länger haltbar als die sahnige Deko.

Sahnetupfer und andere Sahne-Dekorationen – für Anfänger

Wer noch nicht ganz fit im Umgang mit Spritzbeutel und Tortenspritze ist, geht auf Nummer sicher: Dekorationen erst auf ein mit Backpapier belegtes Blech spritzen, einfrieren und im gefrorenen Zustand die Torte damit dekorieren. Die Deko ist in wenigen Minuten wieder aufgetaut.

Bewegte Oberfläche

Sahne oder Cremes auf der Tortenoberfläche glatt streichen, mit dem Rücken eines Löffels regelmäßige Vertiefungen in die Oberfläche der Torte drücken. Diese mit Saft, Likör, Vanille- oder Schokosauce, flüssiger Schokolade, kleinen Beeren oder Obststückchen füllen, um farbige Kontraste zu setzen. Oder Sie verstreichen nur die Hälfte der Sahne oder Creme gleichmäßig auf der Kuchenoberfläche, füllen den Rest in den Spritzbeutel und und verzieren damit die Torte nach Belieben.

Bewegung kommt auch ins Spiel, wenn Sie die Schlagsahne mit Hilfe eines Spritzbeutels in kleinen Kreisen, in Spiralen oder als Gitter auf die Torte spritzen. Je nachdem, welchen Aufsatz Sie für den Spritzbeutel auswählen, entstehen weitere interessante Effekte. Schöne Kontraste entstehen durch abwechselnde Verwendung von Schoko- und Vanillecreme. Oder spritzen Sie weißen Zuckerguss zwischen Schokosahne.

Einen hübschen Marmoreffekt erzielen Sie, wenn Sie Kuvertüre auf die Sahneoberfläche klecksen und mit einer Gabel in kreisenden Bewegungen wie ein Muster in die Sahneschicht mischen.

Sahne – immer wieder anders

Sahne können Sie auf diverse Arten immer wieder im Geschmack verändern:

➤ mit Schokolade aufkochen, auskühlen lassen, dann wie gewohnt steif schlagen

➤ mit Instant-Creme oder Pudding (ohne Kochen) aufschlagen

➤ mit Instant-Kaffee oder Cappuccino aufschlagen

➤ steif geschlagene Sahne mit Obstbrand oder Likör verfeinern

➤ steif geschlagene Sahne mit püriertem Obst vermischen

➤ Streusel, Nüsse, Kokosflocken oder Schokokugeln vorsichtig unter die geschlagene Sahne heben und dann auf der Torte verteilen

➤ flüssige Sahne mit Schoko- oder Minzblättchen oder anderen Schokoriegeln aufkochen und auskühlen lassen, dann wie gewohnt steif schlagen

Sahne- und Cremetorten

Edel: Creme- oder Sahnetorten hauchdünn mit Kakaopulver bestäuben oder dezent mit Schokoraspeln, gehackten Pistazien oder Nusskrokant bestreuen. Oder mit dem Zestenreißer Zitronen-, Orangen- oder Limettenschale – von unbehandelten Früchten in Zesten reißen und 2 Min. in kochendem Wasser blanchieren. Diese einfachen Deko-Elemente setzen schöne Akzente.

Sahne- oder Cremetortenränder verzieren

Entweder mit einem Zackenspachtel rundherum Rillen ziehen oder den Rand mit Plätzchen, Figuren, Nüssen, Schokostreuseln, Puderzucker oder Kakao dekorieren. Auch Sahnetupfer oder Obstscheiben machen sich gut.

Deko bunt gemischt

Frische Deko aus dem Garten

Ganz unkomplizierte Deko-Elemente aus dem Garten sind Blättchen oder essbare Blüten, z. B. Kapuzinerkresse, Gänseblümchen, Minze, Zitronenmelisse oder andere essbare Gewächse. Auf dunkler Kuvertüre oder auf Sahne- und Cremetorten verleihen sie anmutigen Charme.

Geeiste Blüten und Früchte

Blüten, z. B. frische Rosen, oder frische Früchte, z.B. Johannisbeeren, kurz in kaltes Wasser tauchen und dann in Zucker oder Puderzucker wälzen.

Kandierte Rosen

6–8 frische, unbehandelte und duftende Rosen, die noch nicht ganz aufgeblüht sein sollten, unterhalb der Blüte abschneiden. 1 Eiweiß mit 3 EL Wasser verschlagen und in eine Schale füllen. Die Rosen nacheinander darin wenden und jeweils das Wasser leicht abschütteln. Die Blüten rundum mit 4 EL feinem Zucker bestreuen. Auf ein Kuchengitter stecken. Die Rosen mindestens 4 Std. trocknen lassen. Sie können die Rosen auch bei 50° im Backofen (Mitte) in 3–4 Std. trocknen lassen.

Marzipan-Figuren

Marzipanblüten und -blätter oder Figürchen kann man aus Marzipan-Rohmasse mit etwas Geschick selbst herstellen: Marzipan-Rohmasse entweder mit den Fingern zu Figuren formen oder mit Plätzchenförmchen ausstechen. Auch Färben mit Fruchtsaft oder Speisefarben ist möglich.

Götterspeise

Götterspeise (nach Geschmack) nach Packungsangaben zubereiten und auf ein mit Folie ausgelegtes tiefes Backblech oder in eine flache Schüssel (Höhe 1 cm) füllen. Kalt stellen. Wenn die Masse fest ist, mit einem Backförmchen Motive ausstechen. Oder mit einem Messer kleine Würfel von 1 x 1 cm schneiden und damit eine Torte belegen. Schmeckt im Sommer gekühlt besonders gut.

Garnituren mit Puderzucker oder Kakao

Vor allem für Torten geeignet, die keine cremige Oberfläche haben. Aus Papier oder Pappe in Größe der Torte beliebige Schablonen ausschneiden, auf den Kuchen legen und dünn mit Puderzucker oder Kakao bestäuben. Die Schablone anschließend vorsichtig entfernen. Beispielsweise für Graffiti-muster: mehrere Streifen Papier – etwa 1 cm breit – kreuz und quer auf die Torte legen und bestäuben. Man kann statt dessen auch fein gemahlene Nüsse, Mandeln, Zuckerstreusel, Kokos- oder Schokoraspel verwenden.

Farbiger Tortenguss

Torten kann man auch mit einem farbigen Tortenguss überziehen und danach mit Sahnetupfern dekorieren.

Marzipandecken

Besonders einfach geht das Ausrollen, wenn man die Marzipanrohmasse zu einer Kugel formt, flach drückt und zwischen zwei Lagen Frischhaltefolie ausrollt. In gut sortierten Lebensmittelmärkten werden auch fertig ausgerollte Marzipandecken angeboten.

Dekorationen mit flüssigem Puderzucker

2 EL Puderzucker mit wenigen Spritzern Zitronensaft (oder anderem Saft) gründlich verrühren, bis die Masse dickflüssig ist. Man kann den Puderzucker auch einfärben – entweder mit Fruchtsaft oder Lebensmittelfarbe. In einen Gefrierbeutel geben und, wie bei »Kuvertüre Spielereien« (S. 136) beschrieben, die Torte verzieren.

Puderzuckerglasuren

Mit Puderzuckerguss können Sie auch ganze Torten überziehen. Dazu 200 g Puderzucker und 4–5 EL lauwarmes Wasser oder Zitronensaft anrühren – der Guss darf nicht zu dünn werden, sondern muss sehr zähflüssig sein. Am besten mit einem langen Messer mit breiter Fläche oder einer Palette auf der Tortenoberfläche verteilen.

Konfitürenglasur

Eine Konfitürenglasur verleiht Tortenböden ein frisches und fruchtiges Aroma. Puderzuckerglasuren lassen sie in hellerem Weiß erstrahlen. Die Konfitüre in einem Topf erwärmen, bis sie geschmeidig ist. Tortenböden damit überziehen, leicht einziehen und antrocknen lassen, dann die nächste Schicht – Sahne, Kuvertüre, Puderzucker – auftragen.

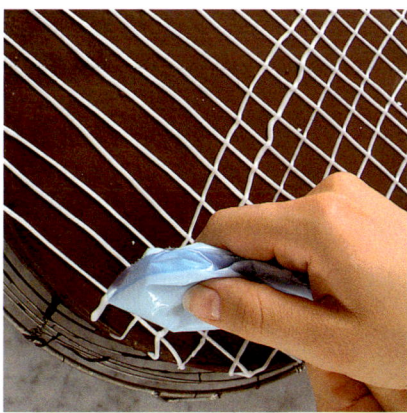

Rezeptregister von A–Z

Damit Sie Rezepte mit bestimmten Zutaten noch schneller finden, stehen in diesem Register zusätzlich auch beliebte Zutaten wie Ananas, Äpfel oder Zitronen – ebenfalls alphabetisch geordnet und halbfett gedruckt über den entsprechenden Rezepten.

Impressum

Programmleitung: Doris Birk
Leitende Redakteurin:
Birgit Rademacker
Redaktion, Text: Anne Taeschner
Lektorat: Bettina Bartz,
Anne Taeschner
Umschlaggestaltung: Independent
Medien Design
Fotografie: Michael Brauner
Produktion: Petra Roth
Satz: Johannes Kojer, München
Reproduktion: Fotolito Longo, Bozen
Druck: Appl, Wemding
Bindung: Conzella, Pfarrkirchen

ISBN 3-7742-6074-5

Auflage	4.	3.	2.	1.
Jahr	2006	05	04	03

Monika Köhler

Durch ihre große Leidenschaft, das Sammeln alter Koch- und Backbücher (vor 1950), kam Monika Köhler auf die Idee, ein ganz neuartiges Backbuch zu schreiben. Gleich ihr erster Titel wurde ein Bestseller mit sehr hoher Auflage. Und natürlich blieb es nicht bei dem einen! Backen wurde zu Ihrer Passion: Privat verzaubern ihre Torten selbst solche Gäste, die »eigentlich« gar keine Torte essen. Und weil ihre Rezepte einfach nachzubacken sind, ist sie als Backbuch-Autorin – besonders für Torten – sehr gefragt.

Michael Brauner

Food Fotografie

Michael Brauner arbeitete nach Abschluss der Fotoschule in Berlin als Fotoassistent bei namhaften Fotografen in Frankreich und Deutschland, bevor er sich 1984 selbstständig machte. Sein individueller, atmosphärenreicher Stil wird in der Werbung ebenso wie in vielen bekannten Verlagen sehr geschätzt. In seinem Studio in Karlsruhe setzt er die Rezepte zahlreicher GU-Titel stimmungsvoll ins Bild.

Bildnachweis: Stockfood, Schokoladenmotive S.136

Titelbild: Variante der Peppermint-Lady, Rezept S. 112.

GRÄFE UND UNZER

Ein Unternehmen der
GANSKE VERLAGSGRUPPE